平面交叉口交通运行秩序评价与模拟

赵 靖 韩 印 殷宇婷 著

国家自然科学基金项目"基于轨迹数据的信号控制交叉口交通秩序评价及优化研究（71971140）"资助出版

科学出版社

北 京

内 容 简 介

交通秩序是城市文明的象征，是精细化管理的体现，是智能化举措效益发挥的保障。对平面交叉口交通秩序评价与模拟方法的阐明，为创造可控的交通运行环境提供了理论基础。本书基于轨迹数据，结合视觉模拟量表和人工智能算法探寻与主观评价最契合的交通秩序客观评价指标和等级划分标准，建立平面交叉口交通秩序主客观评价方法，将交叉口交通秩序的概念清晰化。进而基于微观交通流理论，开展拟人化交通流建模的探索，构建交叉口冲突交通流轨迹分布模拟方法，解析设计要素对交通秩序的作用机理，从而实现平面交叉口交通秩序可评价、可再现。

本书适合交通运输工程学科研究生及交通工程专业本科生参考使用，也可供交通规划与设计、交通管理与控制、智能交通等专业领域的技术人员参考阅读。

图书在版编目(CIP)数据

平面交叉口交通运行秩序评价与模拟/赵靖，韩印，殷宇婷著. —北京：科学出版社，2023.2

ISBN 978-7-03-074244-5

Ⅰ. ①平… Ⅱ. ①赵… ②韩… ③殷… Ⅲ. ①平面交叉–交通管理–研究 Ⅳ. ①U412.35

中国版本图书馆 CIP 数据核字(2022)第 237904 号

责任编辑：魏如萍 / 责任校对：贾伟娟
责任印制：张 伟 / 封面设计：有道设计

科 学 出 版 社 出版
北京东黄城根北街 16 号
邮政编码：100717
http://www.sciencep.com

北京虎彩文化传播有限公司 印刷
科学出版社发行 各地新华书店经销
*
2023 年 2 月第 一 版 开本：720×1000 1/16
2023 年 2 月第一次印刷 印张：7 3/4
字数：160 000
定价：108.00 元
(如有印装质量问题，我社负责调换)

前　　言

　　交叉口是城市道路交通的咽喉。近年来，交叉口精细化交通设计和精准化管理控制在国内外备受关注，多部委联合部署的《城市道路交通文明畅通提升行动计划 (2017—2020)》在全国范围实施；同时，基于海量数据和人工智能技术的"城市交通大脑"也得到蓬勃发展，并在国内多个城市得到了应用。无论是理论计算还是智慧技术，以交叉口交通秩序作为评价指标是发挥交通管控优化效果的基本保障，并且，管理控制方案越精妙，对交通秩序可控性的要求也越高。然而，现实中由于城市道路交叉口运行的复杂性，交通秩序问题普遍存在，导致优化效益降低甚至失效，影响了交叉口交通功能的稳定发挥，这是我国目前亟须解决的难题。

　　有序是组织城市可持续运行的基础，城市交通管理的核心目标应当是确保城市道路交通的有序、安全、通畅。在我国的《城市道路交通组织设计规范》（GB/T 36670—2018）、《城市道路交通设施设计规范（2019 年版）》（GB 50688—2011）和《城市交通学导论》等多部国家标准和专著中均明确指出提升道路交通秩序的重要性。但在现实中，交叉口交通秩序混乱的现象时常发生，导致交叉口运行效率低下、事故频发等一系列交通效率和安全问题。因此，针对现实交叉口运行中通行轨迹和速度的波动性，从提高交通秩序的角度提出信号控制交叉口优化设计方法，将有助于保障实际运行的可控性，为精准化管理控制创造稳定的交通流运行环境是一项迫切需要研究的内容。

　　长期以来，交叉口一直是城市道路交通领域研究的焦点，寻求交叉口最优化设计、改善交通秩序、提高交叉口运行效率和安全性是交通优化设计领域的关键理论问题。其中，交通秩序是交通安全和效率的基础。在交叉口评价和优化理论体系中，目前主要针对通行安全和效率提出了一系列评价和优化方法。虽然保障交叉口交通秩序的重要性得到了普遍认同，但由于以往检测手段的局限性以及交叉口运行的复杂性，对交通秩序缺乏针对性的评价方法和改善措施。目前交叉口交通秩序仍是一个较为主观的概念，尚未明确应采用什么可测的客观指标才能与人对有序或无序的主观理解相契合，从而无法提出针对性的交通秩序优化方法。目前一系列提高交叉口运行效率和安全性的优化方法均是在交通流可控的前提下进行的，一旦交叉口交通秩序无法保障，现有方法都存在优化效益难以发挥甚至失效的隐患。因此，保障交叉口交通秩序是各项交通管理与控制措施效益稳定发挥的基础，对信号控制交叉口交通秩序评价和模拟进行研究将进一步推进交通评价和优化理论的发展。

　　信息技术的发展为交叉口复杂交通行为的研究提供了更高精度的数据和更丰富的分析方法。为了提高信号控制交叉口运行可控性，本书将基于交通评价理论，利用轨迹数据，建立信号控制交叉口交通秩序评价方法，将交叉口交通秩序的概念清晰化。在此基础上，基于微观交通流理论，开展拟人化交通流建模的探索，构建交叉口冲突交通流轨迹分布模拟方法，从而实现信号控制交叉口交通秩序可评价和可再现。

　　谨以本书献给爱好秩序的人。

赵靖
2022 年 6 月 21 日

目　录

第1章 绪 论

想象建构的秩序深深与真实世界结合；想象建构的秩序塑造了我们的欲望；想象建构的秩序存在于人与人之间思想的连接。身为人类，我们不可能脱离想象所建构出的秩序。——《人类简史》

1.1 本书研究背景及意义

城市交通作为城市发展的着眼点之一，巨量存在的交叉口是城市道路网的关键节点，长期以来受到城市管理部门的关注。近年来，交叉口精细设计和管理的相关研究广受学者的关注与讨论。与此同时，基于大数据与人工智能的现代化智能技术为解决城市交通与交叉口问题带来了新的技术与契机。无论基于传统模型优化还是基于现代智慧科技，以交叉口交通秩序作为评价指标是发挥交通管控优化效果的基本保障。同时，交叉口管理与控制的不断优化也建立在良好的交通秩序水平上。然而，城市道路中的交叉口的复杂程度高，交通秩序问题普遍存在，导致优化效益降低甚至失效，继而使交叉口功能无法正常稳定地发挥。准确量化与评价交叉口秩序程度是提高交叉口设计与管理水平中必要的步骤之一。

在交叉口评价和优化理论体系中，现阶段主要针对运行安全与效率提出一系列的评价与优化方法。然而，交通秩序是优化交通安全和效率的基础与保障。虽然在理论层面，保障交叉口秩序的重要性得到了普遍的认可。但交叉口秩序水平仍然是一个较为主观的概念，目前尚未明确应采用何种可测的客观指标才能与人对有序和无序的主观感知相契合，从而无法提出有针对性的交通秩序优化方法。目前一系列提高交叉口运行效率和安全的优化方法均是在交通流可控的前提下进行的，一旦交叉口交通秩序无法保障，现有方法都存在优化效益难以发挥甚至失效的隐患。因此，保障交叉口交通秩序是各项交通管理与控制措施效益稳定发挥的基础，对信号控制交叉口交通秩序评价和优化进行研究将进一步推进交通评价和优化理论的发展。

本书是在提升城市道路交通运行秩序的背景下撰写的。量化信号控制交叉口交通秩序评价，并构建交叉口冲突交通流轨迹分布模拟方法，从而完善信号控制交叉口评价体系。具体研究意义包括以下几点。

1. 开发信号控制交叉口交通秩序测量方法

现阶段研究还未有明确的测量信号控制交通秩序的方法。本书从人的主观感知入手，参考交通主观评价与感知研究相关文献，根据交通秩序的特征选取合适的主观评价量表，并开展预调研，对量表进行优化。确定了测量和量化信号控制交叉口交通秩序主观评价的方法，为后续测量交通秩序的研究提供方法思路。

2. 构建信号控制交叉口交通秩序评价模型

目前现有的交通秩序评价模型仅对交叉口交通秩序进行定性分析，并未进一步展开定量分析。导致难以实现对交叉口交通秩序的细致评价，进而无法对影响交叉口交通秩序的主要因素进行分析与讨论。本书通过对主观交通秩序的定量测量，构建了交通秩序预测模型，分析了影响交叉口交通秩序的主要因素，为后续开展交通秩序研究提供基础。

3. 建立交叉口冲突交通流轨迹分布模拟方法

本书针对信号控制交叉口，在考虑驾驶员行为特性的基础上，建立能够真实描述驾驶员在交叉口通行轨迹的模型，并提出了参数拟合方法，为描述交叉口通行轨迹离散性提供有效方法。更进一步地建立了无左转相位保护交叉口的冲突交通流模型，以描述交叉口中复杂交通流的轨迹离散性，完善了交叉口交通流模型体系。

1.2   本书研究内容

本书以实现交叉口交通秩序可评价和可再现为目标，将研究内容分为五部分，分别是数据采集与预处理（第 2 章）、交叉口交通秩序主观评价方法（第 3 章）、交叉口交通秩序客观评价方法（第 4 章）、交叉口车辆二维运动轨迹建模（第 5 章）和交叉口冲突交通流轨迹分布模拟（第 6 章）。

1. 数据采集与预处理

为了精确反映交叉口内部车辆运行状况，本章选择无人机航拍和车辆识别的方法，对共计 24 个信号控制交叉口进行轨迹数据的采集。然后，通过清除异常冗余数据、筛选交叉口内部数据和清除样本量不足数据的方法对轨迹数据进行数据预处理，从而得到更为精确的轨迹数据。

2. 交叉口交通秩序主观评价方法

以视觉模拟量表为基础，开发交通秩序主观评价量表，并搭建测试平台。为确保测量方法的有效与可行，开展预调研。根据预调研的结果对开发的量表进一步优化与改进。最后开展正式调研，并对结果进行信度和效度分析。

3. 交叉口交通秩序客观评价方法

以多层感知机神经网络模型为基础，从数据增强和超参数优化两个层面对基础模型进行优化，构建交叉口交通秩序客观评价模型，实现交叉口交通秩序可评价。然后对模型结果进行讨论，对六个影响因素进行敏感性分析，探究影响交通秩序的主要因素。

4. 交叉口车辆二维运动轨迹建模

基于最优控制理论，考虑驾驶员行为（包括方向盘和制动踏板/加速踏板控制），建立二维平面交叉口通行轨迹模型，以起始状态和终端状态作为模型输入，建立动态系统，以成本函数为优化目标，根据实际情况设置合理的模型约束。通过情景设置、参数分析和实际数据仿真对比来验证模型的描述力、合理性和准确性。

5. 交叉口冲突交通流轨迹分布模拟

在通行轨迹模型和参数拟合方法的基础上，考虑更为复杂的车辆间相互影响，构建交叉口冲突交通流轨迹分布模拟方法，实现交叉口交通秩序可再现。通过实际数据仿真对比验证模型的准确性，并对轨迹离散性的影响因素进行分析。

1.3 交叉口交通评价概述

本节从交叉口运行效率、安全和秩序三个方面概述现有研究进展，然后对三方面研究进行总体评述。

1.3.1 交叉口运行效率评价

通行能力分析是交叉口运行效率评价的主要方法，受交通流构成、车辆性能、行驶环境、驾驶行为以及道路交通管理水平等多方面的影响，许多国家都根据本国交通运行特征，编制了规程或手册指导实践应用[1,2]。信号控制交叉口运行效率主要评价指标包括通行能力、延误和排队长度[2]。其观测方法主要包括人工、线圈、浮动车、视频等[3,4]，通过对固定断面进行数据采集，并基于数理统计、交通波理论和仿真模拟等方法[4,5]，得到评价参数。近年来，随着观测手段的提高，可利用手机全球定位系统（global positioning system，GPS）、车载 GPS、卡口、视频等数据实现饱和流率、延误和排队长度的动态检测或估算[6,7]，为更高效的实时控制、方案制定和实施效果评价提供了数据支撑。

目前的研究重点在于，解析交通特性、几何设计和管理控制等因素对通行能力、延误和排队长度的影响。除了交通需求、车型、上游信号控制、转向交通流、车道利用率、行人、非机动车、路边停车、公交停靠、车道宽度、坡度、进出口车道数匹配、信号控制类型等传统影响因素外，近年来关于地域特征[8]、车联网环境[9]、行人过街[10]、左转待行区[11]、短车道[12]、公交优先控制[13]、限速[14]、非常规交叉口[15,16]等特殊外部影响因素的研究日益丰富，管理控制措施对通行行为的影响正越来越受到研究人员的关注。

1.3.2　交叉口运行安全评价

交叉口运行安全评价方法主要有基于交通事故资料统计分析的直接评价方法和基于交通冲突的间接评价方法。其中，直接评价方法依赖于历史事故统计资料，在交通事故分类的基础上，通过对交通、道路、管理控制、行为和驾驶环境等交叉口交通安全性影响因素与事故特征的相关性分析，总结事故发生规律，预测事故数和发生概率[17]。间接评价方法以交通冲突数与交通事故数之间存在显著相关关系为基础[18,19]，通过对冲突点的观测，利用距离碰撞时间、后侵入时间、距离事故时间、减速度、停车距离比等指标，从交通事故发生的可能性和严重性两个层面来评价和分析交叉口交通安全水平[20,21]。

目前的研究重点在于，利用人工、仿真模拟、驾驶模拟实验和视频识别等方法获取数据[22-24]，解析影响信号控制交叉口安全的显著因素。近年来关于限速[25]、信号控制[26]、交通设施[27]、车联网环境[28]、非常规交叉口[29]等交通设计、管理、控制措施对交叉口安全影响的研究日益丰富，反映出交叉口通行行为在个体间的差异性正越来越受到研究人员的关注。

1.3.3　交叉口运行秩序评价

相比交通效率和安全丰硕的研究成果，交通秩序评价研究进展缓慢。我国曾颁布《道路交通秩序评价》（GA/T 175—1998）的行业标准[30]，将交通秩序定义为道路上车辆、行人有序或无序的交通状况。但该标准中具体的交通秩序评价指标只是将交通量、行程车速、行车延误、违章率等关于交通设施、需求、效率、安全的指标进行加权计算，无法对交叉口交通秩序进行细致描述。也有研究基于交叉口与路段的速度比、事故率、违章率、延误、管理水平、饱和度等指标对交叉口交通秩序进行了综合评价[31]，但评价指标仍较为宏观。为此，刘金广等从交通流微观运行角度，综合考虑了交叉口行人自行车聚集群与机动车流的冲突区域数量和冲突时长，建立了信号交叉口混合交通秩序模型[32]。李文勇等增加了对交叉口几何条件的考虑，基于交叉口合流、分流、交叉点数量定义了交叉口复杂度，并结合车道配置、信号相位、交通流等参数建立了交叉口秩序模型[33]。于泉和周予婷考虑了右转半径、行人与机动车通过冲突区域的时间以及行人、非机动车通行路径，对信号控制交叉口人行横道交通秩序进行了评价[34]。

1.3.4 相关评述

虽然城市交通管理的核心目标是有序、安全、通畅[35]，但目前的研究主要关注效率和安全，忽视了交通秩序。现有交叉口交通秩序的评价方法多为交通效率和安全评价指标的组合，未能针对交通秩序给出特定的评价指标，因而无法反映秩序评价定义中有序或无序的交通状况。近年来，在优化设计中也有越来越多的研究描述其优化方法有助于保障交通秩序，但由于缺乏有效的交通秩序定量评价指标，现有研究均未对这一效益进行量化。可见，目前信号控制交叉口交通秩序仍是一个主观且模糊的概念，关键是缺少能定量反映有序或无序交通状况的客观指标。本书在第 3 章进行交叉口交通秩序主观评价的基础上，在第 4 章给出交叉口交通秩序客观评价方法，实现交叉口交通秩序可评价。

1.4 微观交通流模型概述

自 20 世纪 50 年代以来，研究人员建立了许多交通流模型来分析各种复杂的交通现象，主要分为两类：宏观交通流模型和微观交通流模型。宏观交通流模型是将连续跟驰的车辆看成一个连续的流体，并用与流体力学相近的模型进行建模。微观交通流模型是交通动力学中最早提出的一种模型，其基本假设为驾驶员的驾驶行为受前车影响，即会根据前车的行为调整自己的驾驶行为。微观交通流模型主要描述的是单个车辆的纵向和横向行为，即跟车和换道行为。交叉口微观交通流模型是研究微观交通运行影响机理的重要方法，而车辆间的相互作用及由此引起的交通流变化都是在考虑交通运行内部和外部影响因素的情况下进行深入分析的。常用的交叉口微观交通流的建模方法主要有三种：跟驰换道模型、元胞自动机模型、社会力模型。

1.4.1 跟驰换道模型

跟驰换道模型描述了在限制超车的单行道上行驶车队中相邻两车之间的相互作用，主要可分为刺激-反应模型、安全距离模型、心理-生理模型和基于人工智能的模型。刺激-反应模型的基本思想是在车辆跟驰过程中，驾驶员的刺激反应来源于当前车辆与其前车之间的速度差，经过反应延迟后，驾驶员以改变加速度作为对该刺激的回馈，回馈对刺激的敏感性程度用敏感系数来表示。安全距离模型的主要思想是驾驶员期望与前车保持安全车头时距，当前车突然制动时，驾驶员能够有时间做出反应并减速停车，以免发生碰撞。心理-生理模型的基本思想是一旦跟驰车辆驾驶员认为其与前车之间的距离小于心理安全距离，跟驰车辆驾驶员就会开始减速。由于跟驰车辆驾驶员无法准确判断前导车的车速，跟驰车辆速度会在一段时间内低于前导车速度，直到两车之间的距离达到另一个心理安全距离时跟驰车辆驾驶员就开始缓慢加速。由此周而复始，形成一个加速、减速、再加速的循环过程。

代表性的交叉口跟驰模型主要分为速度优化（optimal velocity，OV）模型、广义力模型和全速度差（full velocity difference，FVD）模型。1995 年，Bando 等[36]利用优化速度函数提出速度优化模型，用以描述信号交叉口车辆停止与启动状态间的转换现象。1998 年，Helbing 和 Tilch[37]在优化速度模型基础上提出了广义力模型，在一定程度上解决了优化速度模型存在不切实际加速度的问题。2001 年，Jiang 等[38]在广义力模型的基础上考虑了正速度差的影响，提出了全速度差模型。2017 年，Tang 等[39]提出了一种速度诱导模型，分析车辆通过信号交叉口过程中的燃油消耗和排放情况。2019 年，Ci 等[40]针对信号交叉口，提出了一种基于车辆与基础设施之间（vehicle to infrastructure，V2I）进行信息交换的跟驰模型，通过仿真结果反映了 V2I 对交叉口车辆运行的影响。

1.4.2　元胞自动机模型

元胞自动机是定义在一个由具有离散、有限状态的元胞组成的元胞空间上，按照一定的局部规则，在离散的时间维度上演化的动力学系统。它可以用来模拟车辆间的相互作用，也可用于交叉口的运行效率和安全性分析。1992 年，Nagel 和 Schreckenberg[41]将时间、空间和速度整数离散化，提出了著名的 NaSch 模型，为后续元胞自动机模型的研究提供了理论基础。Chowdhury 等[42]在单车道 NaSch 模型的基础上，提出了对称的双车道元胞自动机（symmetric two-lane cellular automata, STCA）模型，STCA 模型引入换道规则对道路换道交通流物理特征进行了研究。

在上述研究的基础上，学者将元胞自动机模型进行了一系列拓展和提升，并用于描述车辆在交叉口复杂运动的模型。包括用于分析交叉口车辆之间冲突的元胞自动机模型，以探索冲突发生与控制策略之间的关系[43-45]；用于分析交叉口混合交通流的元胞自动机模型，以描述车辆与自行车等的相互作用[46,47]；用于分析交叉口驾驶员决策过程，将元胞自动机与模糊逻辑相结合，提出了信号交叉口模糊元胞自动机模型[48]；以及交叉口自动驾驶车辆行为[49]等。

1.4.3　社会力模型

社会力模型通过驱动力、个体之间的作用力、个体与障碍物之间的作用力、不定因素引起的绕动力等合力作用产生加速度，从而描述个体运动。在 1995 年 Helbing 和 Molnar[50]建立社会力模型之初，它主要用于人群微观模拟，可以反映人群自组织现象，在行人仿真领域产生了深远的影响。之后社会力模型被推广至非机动车流[51]、机动车流[52]和共享空间中个体相互作用[53-55]的模拟。为了得到真实的轨迹,考虑了几种力的共同作用,包括自驱动力、斥力、引力以及特定条件下的其他力。

这些模型成功地再现了一系列集体现象。在车辆运动方面,学者建立了多个基于社会力的车辆运动模型,可在不考虑车道划分的情况下模拟车辆交通流[56-58]。其中具有代表性的是 Ma 等[52]为了描述交叉口车辆的运动,提出了一个三层的"计划-决策-行动"模型来模拟混合流交叉口转向车辆的运动。该模型被进一步拓展用于描述车辆具体运行决策和轨迹[59]。

1.4.4 相关评述

在微观交通流模型研究中,跟驰模型中的车辆必须沿着给定的车道行驶,元胞自动机模型车辆沿着给定的元胞轨迹行驶,社会力模型中的车辆轨迹不是直接从驾驶员行为中获得的。也就是说,现有的微观交通流模型多为基于车道的模型,而交叉口中车道概念弱化,车辆行驶没有特定的轨迹,且通过现有模型获得的轨迹不是直接从驾驶员行为中获得的,如转动方向盘、踩制动踏板、踩加速踏板。因此,建立一个能够反映驾驶员行为和轨迹分布的交通流模拟方法是很有必要的。本书在第 5 章建立的交叉口车辆二维运动轨迹模型的基础上,在第 6 章给出冲突交通流轨迹分布模拟方法,实现交叉口交通秩序可再现。

1.5 本 章 小 结

本章介绍了本书研究的背景,指出了交叉口交通秩序评价与模拟对于交叉口设计、管理和控制的重要作用,引出本书研究的意义,并从交叉口交通运行评价和微观交通流模型两个方面对现有研究的进展和不足进行了概述,从而明确了本书后续章节的研究内容。

第 2 章　数据采集与预处理

本章从交叉口轨迹数据采集和交叉口轨迹数据预处理两部分进行论述。针对信号控制交叉口数据采集，从视频数据采集方法确定、信号控制交叉口选择、识别车辆轨迹数据等三方面获取原始资料。通过清除异常冗余数据、筛选交叉口内部数据、清除样本量不足数据三方面进行数据预处理。

2.1　交叉口轨迹数据采集

2.1.1　视频数据采集方法确定

目前，针对交叉口的交通调查中，可以通过浮动车、卡口、GPS 等检测手段获取车辆信息。其中，卡口数据结合车牌识别的方法是采用先进的光电技术、图像处理技术、模式识别技术对过往的每一辆汽车均拍下车辆的图像，并自动识别进行记录，将数据保存至数据库中，但两者主要应用于城市干线道路；浮动车法和 GPS 法所采集到的资料主要服务于宏观交通规划，但两者无法精确获取交叉口内部运行情况。因此，这些方法均不适用于信号控制交叉口内部车辆轨迹数据的采集。

信号控制交叉口内部空间范围小，对获取的数据精度要求较高。采集的信号控制交叉口内部车辆轨迹数据精度越高，越能更好地反映信号控制交叉口内部车辆的运行情况。因此，本章利用无人机高空俯拍信号控制交叉口的方式，获取信号控制交叉口运行情况的视频。

无人机拍摄视频法具有以下优势：操作简便、对人员培训要求不高、拍摄范围广以及受地形影响小。但其劣势也较为明显：受天气因素影响大以及拍摄时间较短（15~20min）。所以根据信号控制交叉口数据采集方案，我们在 2020 年 4~5 月工作日早高峰（7:00~9:00）航拍所选交叉口。为了避免干扰民航飞机信号，在上海市区内无人机飞行高度不得高于 120m，所以我们在拍摄时根据交叉口大小不同调整无人机飞行高度，所拍摄高度为 70~110m。另外，受无人机电池时长限制，每个交叉口拍摄时长平均为 15~20min，图 2.1 为无人机航拍示意图。

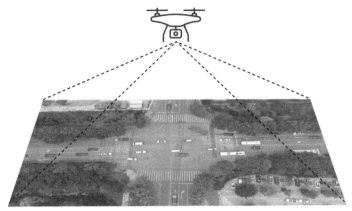

图 2.1 无人机航拍示意图

2.1.2 信号控制交叉口选择

根据无人机航拍的优、劣势，借助全景地图对交叉口基础设施设计、周边地形情况以及拍摄可行性进行分析，最终选择上海市 24 个信号控制交叉口进行拍摄，如表 2.1 所示，航拍实景图见附录 A。

表 2.1 信号控制交叉口选择

序号	交叉口名称	序号	交叉口名称
1	桃林路–灵山路	13	锦绣路–芳甸路
2	扬泰路–镇泰路	14	南洋泾路–羽山路
3	牡丹江路–友谊路	15	祖冲之路–金科路
4	友谊路–铁力路	16	高科东路–齐爱路
5	迎春路–合欢路	17	高科东路–唐安路
6	昌邑路–源深路	18	高科东路–唐陆公路
7	祖冲之路–高斯路	19	高科东路–唐丰路
8	张杨路–崮山路	20	郭守敬路–张江路
9	高科西路–张东路	21	金科路–晨晖路
10	高科西路–金科路	22	齐爱路–创新路
11	迎春路–芳甸路	23	唐丰路–唐镇路
12	友谊路–铁山路	24	唐镇路–唐安路

2.1.3 识别车辆轨迹数据

根据 2.1.2 节中确定的 24 个信号控制交叉口，无人机拍摄实景示例如图 2.2 所示。利用车辆识别软件逐一获取每个交叉口的车辆行驶轨迹数据。由于在拍摄过程中，无人机受风力影响，在横向和纵向上有小幅度不稳定摆动，为保证数据识别一致性，首先以第一帧左下角作为原点对每个视频所有画面进行修正。在视频识别过程中，将每个车辆视为一个矩形并标有唯一编号，以方便后续查找该标号对应的车辆行驶轨迹数据。视频识别软件实时接口如图 2.3 所示。

图 2.2　无人机拍摄实景

图 2.3　视频识别软件实时接口

　　该软件对车辆行驶方向和二维坐标做实时（1/24s）记录。在识别接口右侧栏中包含方向、耗时、车型三个重要指标。对耗时而言，车辆通过停车线时刻为车辆进入交叉口的时刻，车辆到达出口道时刻为车辆离开交叉口的时刻，两时刻间的时长即为车辆在交叉口内的行驶时间。

　　对于信号控制交叉口航拍视频，视频识别软件输出两个相应的数据集，分别为车辆数据集与帧点数据集。原始数据集获取如图 2.4 所示。

　　在车辆数据集中，记录的字段有车辆编号、进口道编号和出口道编号。由于车辆编号是车辆唯一的识别信息，因此根据车辆数据集的资料，可确定识别车辆的进口道和出口道，以此确定车辆的转向信息。这是从车辆数据集中可获取到的最关键的信息。在帧点数据集中，记录的字段有帧号、车辆编号、坐标 x、坐标

y、方向编号以及异常标记，字段说明如表 2.2 所示。

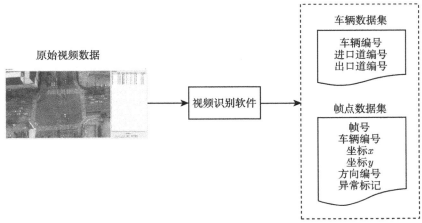

图 2.4 原始数据集获取示意图

表 2.2 帧点数据集字段说明

字段	单位	说明
帧号	帧/s	1 帧 =1/24s
车辆编号	—	识别的车辆编号
坐标 x	像素	车辆在视频中的像素 x 坐标
坐标 y	像素	车辆在视频中的像素 y 坐标
方向编号	—	车辆的进口道方向
异常标记	—	正常 = 0，异常 = 1

帧点数据集中最重要的信息为车辆的位置信息。根据帧点数据集的数据，可以得知每一辆识别车辆每 1/24s 的位置信息，从而得知识别车辆在信号控制交叉口内部的完整车辆轨迹。然而，每一段交叉口视频时长为 15~20min，从中提取的帧点数据集数据量非常庞大，其中不乏噪点数据，仅依靠软件的异常标记清洗数据不足以提取有效数据。因此，需要通过一系列额外的数据清洗方法进行数据预处理。

2.2 交叉口轨迹数据预处理

由视频识别软件输出的车辆数据集以及帧点数据集，因数据量庞大且其中有部分噪点数据，需进行进一步的数据预处理。本节对信号控制交叉口轨迹数据的预处理总共分为三部分：清除异常冗余数据、筛选交叉口内部数据和清除样本量不足数据。针对信号控制交叉口轨迹的数据预处理流程如图 2.5 所示。

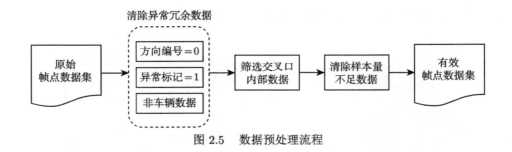

图 2.5　数据预处理流程

2.2.1　清除异常冗余数据

目前计算机视觉算法已趋于成熟，精度较高，但在处理类似交叉口等目标较多的场景时，依旧会产生错记、多记的情况。所以要额外进行清除异常冗杂数据的操作。帧点数据集中的异常资料主要分为以下几类。

1. 方向编号不明

在帧点数据集中，若字段方向编号为 0，则表示视频识别软件无法识别车辆的进口道。产生这种情况的原因为，未在车辆进入交叉口内部前对车辆进行识别与跟踪。抑或是由于无人机拍摄法无法避免的画面抖动导致无法识别进口车道。所以方向编号为 0 意味着车辆轨迹数据不全，需要进行清除。

2. 异常标记

当某点坐标识别失败时，该条轨迹数据被认为是异常数据，标记为异常。这是由于视频识别软件会在识别过程中给置信度较低的物体打上异常标记。在车辆行进的过程中，由于和其他车辆过近或者有干扰物，视频识别软件没有完整地跟踪车辆，导致识别失败。所以异常标记为 1 的数据需要清除。

3. 非车辆数据

在对信号控制交叉口视频进行识别时，由于交叉口内部存在类似于非机动车、行人等干扰因素，视频识别软件可能会产生错误识别的情况。由于车辆数据集包含可信的车辆编号，而帧点数据集包含所有点的位置信息，所以将两者进行比对，清除非车辆的帧点数据，保证帧点数据集中的数据有效、可用。

2.2.2　筛选交叉口内部数据

由于无人机航拍法产生的画面抖动，在视频识别过程中，非交叉口内部范围的帧点数据会产生多记的情况。本章仅探讨车辆在交叉口内部区域的轨迹，研究范围为各进口道停车线及其延长线所构成的闭合区域，如图 2.6 所示。因此仅保留该范围内的车辆轨迹数据。若车辆轨迹坐标在此范围内，则保留该范围内的轨迹坐标数据，否则予以删除。

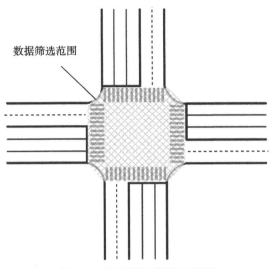

图 2.6　数据筛选范围示意图

2.2.3　清除样本量不足数据

对于使用无人机航拍法所拍摄的视频，会有画面抖动以及交叉口内部其他元素的干扰问题，这些问题会导致车辆轨迹数据有中途丢失的情况。所以在资料预处理中，应对车辆轨迹帧点的数量进行约束，保留满足数量要求的车辆轨迹数据，删除不满足最低数量要求的轨迹数据，确保帧点数据集中的数据有效。对于信号控制交叉口，车辆通过交叉口的速度应在一定范围内。这也意味着对于车辆轨迹的帧点数量有最低的要求，如式 (2.1) 所示：

$$n_i \geqslant \frac{d}{v_0}f \tag{2.1}$$

式中，n_i 为车辆 i 的轨迹帧点数量，个；d 为车辆所在流向的最长通行距离，m；v_0 为城市交叉口内最大车速，取 25m/s；f 为采样频率，为 24 帧/s。

车辆所在的流向通行距离与车辆通过交叉口最大车速之比为车辆通过交叉口的最短时间，车辆的采样时间不能小于最短时间。若采样时间小于最短时间，则表示此车辆在识别中并未构成一条完整有效的车辆轨迹。

通过上述三项数据预处理过程：清除异常冗余数据、筛选交叉口内部数据和清除样本量不足数据，得到的车辆精确轨迹数据可用于后续交通秩序客观评价指标计算。

2.3　本 章 小 结

　　本章首先确定了信号控制交叉口数据采集方法，选择了 24 个信号控制交叉口作为研究对象。通过视频识别软件对车辆进行识别，得到原始信号控制交叉口的车辆轨迹数据。然后综合分析采集的原始轨迹数据的不足，经过清除异常冗余数据、筛选交叉口内部数据及清除样本量不足数据三个步骤，对原始数据进行预处理。

第 3 章　交叉口交通秩序主观评价方法

信号控制交叉口交通秩序是较为主观的概念，为了定量反映交叉口交通秩序，关键是确定交通秩序主观评价的测量方法。本章针对信号控制交叉口交通秩序主观评价，从三方面进行论述：主观评价量表开发、预调研与量表改进以及正式调研与资料分析。通过比较与分析，以视觉模拟量表（visual analogue scale，VAS）为基础，开发交通秩序主观评价量表，搭建在线测试平台。然后对初版量表进行预调研，根据调研结果对量表进行二次优化。最后展开正式调研，对得到的信号控制交叉口主观评价数据进行信度和效度分析。

3.1　主观评价量表开发

3.1.1　主观评价量表选择

交通秩序是一个相对主观的概念，对于主观概念的测量，常用的方法是构建一套量表，让测试者对目标变量的相关因素进行评价测试，从而拟合主观概念。但是对于交通秩序，目前尚未明确哪些客观指标与人的感受相契合。所以在对主观交通秩序进行测量时，应测量测试者对于信号控制交叉口交通秩序最直观的感知。对于直观感知的测量方法，主要有 VAS 法、数字量表评分（numerical rating scale，NRS）法和口述分级评分（verbal rating scale，VRS）法。

这三种主观评价量表起初用于疼痛测量。VAS 法是采用一条 10cm 长的线段，最左端标有"无痛"，最右端标有"最剧烈的疼痛"。让患者在当时最能代表其疼痛程度的相应位置上标记。NRS 法是一种数字直观的表达方法，将疼痛程度用数字 0~10 这 11 个数字来表示，0 表示无痛，10 表示最痛，要求患者根据个人对疼痛的感受来评估自己对应的疼痛强度。VRS 法是由一系列对疼痛描绘的形容词组成的。0 分常被定义为最轻度疼痛的描述，以后每增加 1 分就增加一级，使每个评分标准都有相应的级别，并要求患者对形容词进行选择。

对于主观疼痛的测量，VAS 法、NRS 法和 VRS 法都可以达到较为满意的结果 [60]。相应地，主观疼痛和主观交通秩序本质上均为人对某一概念的最直观感知，所以本书将测量主观疼痛的方法运用至主观交通秩序的测量中。但对于主观交通秩序的测量，本章为了探究交通秩序和哪些客观指标相关，构建交通秩序预测模型，这对主观交通秩序测量的精度要求较高。而 NRS 法和 VRS 法是将主观感知分级，这种结果虽然使程序流程简便了，但是牺牲了主观评价的精度。

因此，本章以视觉模拟量表为基础，设计信号控制交叉口交通秩序主观评价量表，如图 3.1 所示。以网页为载体，设计可以用鼠标进行拖动的拖动条，并且内部设置秩序评分，当测试者拖动到最左侧"秩序最差"时，输出结果为 0 分；反之，拖动到最右侧"秩序最好"时，输出结果为 100 分，从而反映测试者对交通秩序的主观感知。

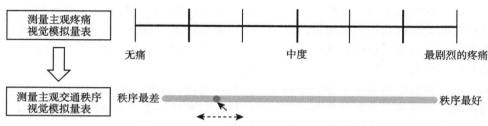

图 3.1　主观交通秩序视觉模拟测量量表

3.1.2　主观评价量表设计

量表的设计质量决定着数据质量，进而对研究结果产生影响。所以，对量表的设计应科学且精细。量表的设计需要遵循以下几个方面的原则。

（1）目的明确。设计量表时紧密围绕量表的研究对象，避免出现其他无关因素，导致数据质量降低。

（2）指示清晰。应在量表的醒目位置告知测试者整个测试的完整流程，包括测试大致时间、测试问题总量、测试流程、测试数据的提交流程。完整、清晰的流程说明可以有效提高测试者对于量表的整体认识以及完成测试的意愿，从而保证测试结果的有效性。

（3）语言简练。量表的语言应以简单、直观和易懂为标准。应避免大量使用专业词汇，导致测试者对量表的内容产生歧义，其结果是回收的数据质量较低，不满足整体信度、效度要求。

（4）布局合理。量表布局应以方便测试者填写为原则，应将视频与测试问题放在一页中。避免测试者在反复操作中，产生结果误填和失去耐心等问题，保证量表数据的回收率和质量。

（5）设置结果校验。量表的发放对象应确保有效，以保证量表数据的回收率和质量。但是不可避免地会产生，因测试者粗心或其他因素导致的误填和漏填等情况。所以在量表的结果数据产生过程中设置初步检验，在一定程度上可避免粗心导致的测试结果无效的问题，提升结果数据整体的有效性和质量。

根据以上的量表设计原则，初步设计交通秩序主观评价量表。首先需要确定量表的载体，常规量表采用传统纸质量表或在线网页固定模板为载体，其优势是简易且易上手，学习成本较低。然而，一方面，由于视觉模拟量表的特殊性，需要实现拖动条的功能；另一方面，针对交通秩序主观评价，需要实现的功能与一般的调查问卷相比，要求更高的可设计性与自定义性。常规的载体无法满足本章的功能要求。所以选择基于 HTML5+JavaScript 程序设计的线上量表为载体，以实现灵活的量表功能，如图 3.2 所示。

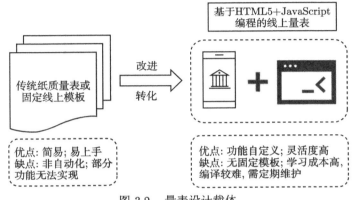

图 3.2 量表设计载体

由于目前对于交通秩序的主观测量的相关研究较少，量表的设计应根据预调研的结果进行改进与更新，量表初步设计主要由以下部分组成。

（1）流程说明区。明确告知测试者整体测试流程为:观看 24 个交叉口视频 ➜ 拖动视频下方拖动条以对交叉口主观秩序进行评分 ➜ 生成结果代码并提交。

（2）测试区。测试区根据量表布局合理的原则，将视频和视觉模拟测量呈上下放置，如图 3.3 所示，方便测试者进行测试。本章所使用的视频是将无人机航拍的交叉口视频进行剪辑构成的连续视频。

图 3.3 量表测试区初步设计

（3）测量结果生成区。由于需要测量的交叉口视频较多，为了方便测试者将结果完整地提交，同时也避免测试者在完成测试后，出现误填或漏提交的情况，在量表中设计生成结果代码的功能，如图 3.4 所示。测试者只需要在完成后单击"生成结果代码"按钮，系统便自动生成连续的交叉口评分数字串，此数字串在后续数据处理时可提取出每个交叉口的主观交通秩序评分。测试者只需将此数字串复制提交便可完成测试结果的上传。此设计提升了测试者提交测试结果的便捷性和准确性。

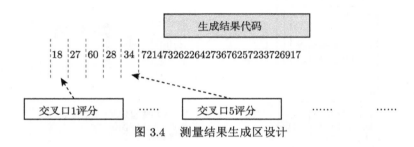

图 3.4 测量结果生成区设计

信号控制交叉口交通秩序主观评价量表的初步设计由上述部分构成。然而，由于现阶段研究未明确主观交通秩序的测量方式，需要对评价量表进行预调研，以完善量表的各项设计功能。完善的预调研过程对提升量表数据质量起着关键作用。所以在开展正式调研前，需对初步设计的量表进行预调研。

3.2 预调研与量表改进

为了提高数据的信度和效度、保证量表的质量，初步设计的评价量表需要开展预调研。目的是让测试者试填量表，通过观察测试者的测试过程，分析结果数据，找到初步设计量表的不足，保证量表的信度和效度。

3.2.1 预调研开展准备

开展预调研的主要目的为优化初步设计的量表，所以围绕此目的，在预调研过程中增设量表设计的相关问题。针对本章的研究目标，对量表立意、量表结构、测试流程、测试时长和可操作性五个增设问题收集建议。具体增设问题表述如表 3.1 所示。

表 3.1 预调研增设问题

项目	提问方式
量表立意	量表的研究对象阐述是否清晰
量表结构	量表的结构安排是否合理
	如不满意，则您对量表结构安排有何建议
测试流程	对于整个量表测试流程的阐述是否清晰
	如不满意，则哪一部分没有阐述清楚
测试时长	量表整体时长是否合适
	如不满意，则多长时间合适
可操作性	量表中的各项操作是否方便
	如不满意，则对哪一项操作不满意

参加预调研的测试者需针对项目问题进行选择，1 为非常不满意，5 为非常满意。其中，除了量表立意，其余项目若得分为 2 以下（不满意或者非常不满意），需填写具体不满意的部分，以针对问题进行改进。

在预调研中，从 100 个交叉口视频片段中随机选择 10 个视频放入量表中，并让所有预调研测试者使用相同的量表，预调研量表完成时间大致为 18min。预调研于 2021 年 3 月 1 日至 2021 年 3 月 10 日开展，总计回收了 20 份有效量表，以此进行预调研结果分析以及初步量表的二次优化。

3.2.2 预调研结果分析

根据收回的 20 份有效预调研资料，计算得到预调研中 10 个随机抽取的交叉口的平均主观评价得分、标准偏差以及平均绝对离差，如表 3.2 所示。

表 3.2 预调研主观评分结果汇总

交叉口名称	平均值	标准偏差	平均绝对离差
郭守敬路–张江路	73.5	9.339	10.775
南洋泾路–羽山路	58.2	8.669	9.360
友谊路–铁山路	51.6	8.455	9.020
高科东路–唐陆公路	74.6	9.555	10.180
高科东路–齐爱路	56.6	7.569	7.180
昌邑路–源深路	52.7	7.437	7.960
高科东路–唐丰路	34.6	10.383	12.915
金科路–晨晖路	25.6	11.653	13.440
高科西路–张东路	61.7	7.637	7.280
扬泰路–镇泰路	35.5	10.556	11.165

根据表 3.2 中的结果，分析得到预调研中测试者对于交叉口的评分差距较大，且平均值越接近边缘，则标准偏差和平均绝对离差也相应越大。说明每个测试者评分范围都有一定的差异。一部分测试者对于评分较为激进，导致不同交叉口分数差异较大；而一部分测试者则对于评分较为保守，所有评分基本在中间位置稍微浮动。测试者不同的评分范围会导致，虽然测试者对于交叉口主观交通秩序的

好坏有大致的感知，但分数上会有较大的差异。所以，应在正式调研中针对评分范围不统一的问题进行优化。

预调研增设问题结果汇总如表 3.3 所示。除了测试时长的另外四个项目，达到满意以及非常满意的比例为整体测试者的 90% 及以上。而测试时长有 70% 的测试者认为量表整体时长过于冗长，不满意当前的测试时间（约 18min）。所以，应优化评价量表的测试时长，使测试时间在能接受的时间范围内。

表 3.3   预调研增设问题结果汇总

项目	提问方式	频次				
		非常不满意	不满意	一般	满意	非常满意
量表立意	量表的研究对象阐述是否清晰	0	0	2	7	11
量表结构	量表的结构安排是否合理	0	0	1	6	13
测试流程	对于整个量表测试流程的阐述是否清晰	0	0	0	5	15
测试时长	量表整体时长是否合适	4	10	5	1	0
可操作性	量表中的各项操作是否方便	0	0	2	3	15

综上所述，量表数据的有效性以及量表设计的优化方面，主要存在两方面的问题。

（1）感知范围不统一，导致数据波动程度较大。

（2）测试时间较长，测试者普遍认为预调研所采用的 18min 较长。

因此，在对信号控制交叉口交通秩序主观评价量表进行设计优化时，应主要考虑上述两方面问题。

3.2.3 主观评价量表改进设计

针对预调研总结的两个问题，本节对正式调研采用的主观评价量表进行优化。

1. 测试者数据标准化

针对每一位测试者的数据结果进行数据标准化，将测试结果按照测试者在测试过程中的最大值和最小值，线性映像在 [0, 100] 的范围内，使所有测试者有较为统一的数值范围。

2. 优化测试流程时间

根据预调研中对于测试时长的增设问题，汇总结果如图 3.5 所示，图中，横坐标表示测试者的意愿测量时长，纵坐标表示测试者数量。大部分测试者认为整体测试流程在 10min 以内较为合适。而影响测试时长的主要因素为交叉口视频时长。所以应适当地调整视频播放方式，使测试者在尽可能短的时间内对交通秩序做出直观的评价，同时确保测试者的评价有效。在视频播放方式方面，从预调研的单画面播放调整为双画面播放，即在同一时间播放两个交叉口运行视频，同时将播放速度调整至三倍，每个画面播放 30s，实际的时间则为 90s。通过此优化措施，可以使量表测试效率提升五倍。

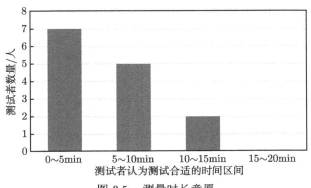

图 3.5 测量时长意愿

通过上述两方面的优化措施，可以有效地解决预调研中产生的主要问题。但为了在提升量表测量效率的同时，确保量表的有效性和数据的质量，应设计更为严格的结果检验规则，避免因提升效率而降低原本量表的有效性。

3. 优化结果检验规则

优化后的视频播放方式提升了测试效率，但会提高测试者出现误测或漏测的概率。通过优化结果检验规则，确保评价量表的有效性和数据质量。优化结果检验规则主要分为两方面：一是在测试者进行主观测试之后，将本测试的交叉口视频片段打乱，进行第二次打分，并在后续的资料分析中，将两次评价差值超过 25 分的资料排除，不参与最终主观秩序得分的计算；二是在提交结果数据时设置检验规则，若测试者未对拖动条进行任何操作，则系统会在结果生成区中提示测试者，降低测试者漏测的概率。

至此，根据预调研所反映的两个重点问题，通过三个方面对主观评价量表进行二次优化设计。优化设计后的量表作为正式调研中使用的主观评价量表。

3.3 正式调研与资料分析

3.3.1 正式调研开展方式

根据预调研的资料分析，对量表进行二次优化，设计正式调研使用的主观评价量表（见附录 B）。本章总计需对 100 个信号控制交叉口视频片段进行主观评价。在正式调研中，每位测试者需对 10 个交叉口视频片段进行两次主观评价，测试时间在 8min 左右。同时，正式调研扩大了调研范围，基于众包数据平台，回收有效量表数据 200 份，得到 4000 条交叉口主观评价数据。

3.3.2　样本特征描述统计表

具体样本特征如表 3.4 所示。从测试者的基本情况可以看出，样本包含了不同年龄层次、不同文化程度、不同地域的测试者，随机性较强，提高了分析结论的可靠性。

表 3.4　正式调研样本特征统计表

属性	分类选项	数目	百分比
年龄	18~25 岁	95	47.5%
	26~35 岁	66	33.0%
	36~45 岁	30	15.0%
	45 岁以上	9	4.5%
性别	男	116	58.0%
	女	84	42.0%
居住区域	华东	79	39.5%
	华北	32	16.0%
	华南	29	14.5%
	西南	23	11.5%
	华中	19	9.5%
	东北	11	5.5%
	西北	7	3.5%
文化程度	本科	124	62.0%
	大专	49	24.5%
	硕士	18	9.0%
	其他	9	4.5%

在进行各类量表的调查研究中，收集整理的资料必须经过信度和效度检验，才可以进行相应的统计分析，保证资料应用的可靠性和有效性。因此，后面将对量表进行信度和效度分析。

3.3.3　信度分析

信度指采用相同方法对同一对象进行重复测量时，其所得结果相一致的程度。信度的大小直接反映了测量数据的可靠程度。

本章优化设计了视觉模拟量表，并对信号控制交叉口交通秩序进行主观评价。因此每位测试者在测试过程中，先后对同一信号交叉口交通秩序进行了主观评价。对于本章的量表，信度分析应针对测试者对同一交叉口主观评价的一致性。测试者对同一个交叉口先后的主观评价一致程度越高，则反映测试者对于此交叉口的交通秩序主观评价资料越可靠。

测试过程中，每位测试者先对 10 个交叉口进行主观评价，然后经过随机排序，对其评价的 10 个交叉口进行复评。以 25 分作为阈值，若初测与复测相差 25 分，则测试者对于某一交叉口的评价不满足信度检验，应剔除。正式调研的信度分析如表 3.5 所示。由表 3.5 可知，正式调研的资料中，满足信度检验要求的资料量为 1729 条，总体检验通过率为 86.45%。正式调研量表结果表明，资料通过率较高，说明整体测量资料较为可靠。

表 3.5 正式调研信度分析

总数据	相差阈值	不满足信度检验	满足信度检验	检验通过率
2000	25	271	1729	86.45%

3.3.4 效度分析

效度指测量方法能够准确测出所需测量事物的程度，测量结果与测量目标越吻合，则效度越高；反之，则效度越低。

本章开发并优化了基于视觉模拟量表的信号控制交叉口交通秩序主观评价量表，测量对象为交通秩序。然而秩序是一个较为主观的概念，测量的目标是将人对交通秩序最直观的感知进行量化。那么若是在大范围的测试下，大部分测试者对于某个交叉口的感知一致性程度较高，则使用此量表测量得出的交通秩序能够较好地反映大部分人的感知。

所以，对于正式调研采用的视觉模拟量表方法，应以评价的一致性作为量表效度检验的指标。在统计学中，组内相关系数（intraclass correlation coefficient，ICC）是用于评价一致性的一种研究方法[61]。ICC 分为六类细分模型，针对不同数据特征，需要选择合适的 ICC 模型。本章选择 ICC 中的双向混合、绝对一致性且平均度量模型（ICC(A,K)）。此模型考虑测量方法的系统误差，且对原始数据进行过计算的情况有较好的表现。所以本章将 ICC(A, K) 作为效度分析指标。

将基于信度检验过的量表数据放入 SPSS 软件中，计算得到的 ICC 如表 3.6 所示。通常情况下，ICC 取值为 0~1。若 ICC 值小于 0.2，则表示量表资料结果一致性程度较差；若值为 0.2~0.4，则说明数据结果一致性程度一般；若值为 0.4~0.6，则说明数据结果一致性程度中等；若值为 0.6~0.8，则说明一致性程度较强；若值为 0.8~1.0，则说明数据结果一致性程度很强。

表 3.6 正式调研效度分析

双向混合绝对一致性	ICC 组内相关系数
平均度量 ICC(A, K)	0.787

正式调研的 ICC 为 0.787，位于 0.6~0.8 范围内，说明正式调研量表资料结果一致性程度较强。这也说明测试者对于交叉口的主观评价较为一致，本章优化的视觉模拟量表可以较好地反映测量者对于交通秩序的主观感知，测量结果与测量目标较为吻合，效度较高。

3.3.5 交通秩序主观评价结果

使用二次优化的视觉模拟量表进行正式调研，并经过信度检验和效度检验，得到信号交叉口交通秩序主观评价结果如表 3.7 所示，资料分布如图 3.6 所示。

表 3.7　交通秩序主观评价结果

编号	交叉口名称	片段	主观评分	编号	交叉口名称	片段	主观评分
1	桃林路–灵山路	1	43.9	51	迎春路–芳甸路	1	42.3
2	桃林路–灵山路	2	45.0	52	迎春路–芳甸路	2	40.9
3	桃林路–灵山路	3	40.2	53	迎春路–芳甸路	3	43.0
4	扬泰路–镇泰路	1	39.5	54	迎春路–芳甸路	4	41.3
5	扬泰路–镇泰路	2	29.1	55	迎春路–芳甸路	5	45.1
6	扬泰路–镇泰路	3	38.1	56	友谊路–铁山路	1	55.4
7	扬泰路–镇泰路	4	29.4	57	友谊路–铁山路	2	60.3
8	牡丹江路–友谊路	1	51.3	58	友谊路–铁山路	3	56.3
9	牡丹江路–友谊路	2	59.6	59	友谊路–铁山路	4	60.4
10	牡丹江路–友谊路	3	54.5	60	友谊路–铁山路	5	56.4
11	牡丹江路–友谊路	4	52.8	61	友谊路–铁山路	6	55.6
12	友谊路–铁力路	1	65.9	62	锦绣路–芳甸路	1	89.1
13	友谊路–铁力路	2	54.5	63	锦绣路–芳甸路	2	87.8
14	友谊路–铁力路	3	62.3	64	锦绣路–芳甸路	3	86.3
15	友谊路–铁力路	4	57.2	65	锦绣路–芳甸路	4	89.6
16	友谊路–铁力路	5	50.4	66	南洋泾路–羽山路	1	48.8
17	友谊路–铁力路	6	58.2	67	南洋泾路–羽山路	2	50.8
18	友谊路–铁力路	7	64.7	68	南洋泾路–羽山路	3	53.4
19	友谊路–铁力路	8	61.9	69	祖冲之路–金科路	1	68.2
20	迎春路–合欢路	1	42.8	70	祖冲之路–金科路	2	63.8
21	迎春路–合欢路	2	39	71	高科东路–齐爱路	1	61.8
22	迎春路–合欢路	3	42.7	72	高科东路–齐爱路	2	56.9
23	迎春路–合欢路	4	38.1	73	高科东路–齐爱路	3	62
24	昌邑路–源深路	1	57.5	74	高科东路–齐爱路	4	59
25	昌邑路–源深路	2	53.6	75	高科东路–齐爱路	5	57.8
26	昌邑路–源深路	3	62.3	76	高科东路–齐爱路	6	58.5
27	昌邑路–源深路	4	51.4	77	高科东路–唐安路	1	57.1
28	祖冲之路–高斯路	1	66	78	高科东路–唐安路	2	63
29	祖冲之路–高斯路	2	65.8	79	高科东路–唐安路	3	57.8
30	祖冲之路– 高斯路	3	72.2	80	高科东路–唐安路	4	62.1
31	祖冲之路–高斯路	4	64.3	81	高科东路–唐安路	5	60.9
32	祖冲之路–高斯路	5	68.6	82	高科东路–唐陆路	1	82.5
33	张杨路–崮山路	1	80.9	83	高科东路–唐陆路	2	79.6
34	张杨路–崮山路	2	76.8	84	高科东路–唐陆路	3	87.7
35	张杨路–崮山路	3	81.6	85	高科东路–唐陆路	4	86.7
36	张杨路–崮山路	4	79.7	86	高科东路–唐陆路	5	81.3
37	张杨路–崮山路	5	76.7	87	高科东路–唐陆路	6	89.9
38	张杨路–崮山路	6	74.3	88	高科东路–唐丰路	1	39.3
39	高科西路–张东路	1	79.6	89	高科东路–唐丰路	2	37.7
40	高科西路–张东路	2	77.4	90	郭守敬路–张江路	1	72.8
41	高科西路–张东路	3	83.2	91	郭守敬路–张江路	2	79.3
42	高科西路–张东路	4	85.1	92	郭守敬路–张江路	3	77.2
43	高科西路–张东路	5	77.1	93	郭守敬路–张江路	4	73.9
44	高科西路–张东路	6	72.9	94	金科路–晨晖路	1	24.7
45	高科西路–金科路	1	93.2	95	金科路–晨晖路	2	16.7
46	高科西路–金科路	2	91.8	96	金科路–晨晖路	3	10.9
47	高科西路–金科路	3	95.3	97	金科路–晨晖路	4	17.3
48	高科西路–金科路	4	97.8	98	金科路–晨晖路	5	27.8
49	唐丰路–唐镇路	1	48.6	99	齐爱路–创新路	1	41.9
50	唐丰路–唐镇路	2	45.4	100	唐镇路–唐安路	1	43.1

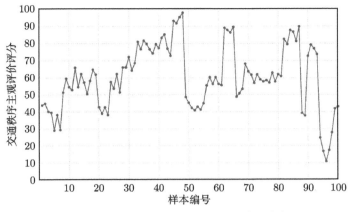

图 3.6   交叉口交通秩序主观评价结果分布

3.4   本 章 小 结

本章针对目前研究难以将信号控制交叉口交通秩序量化的问题，选择视觉模拟量表作为基础量表，并基于 HTML5+JavaScript 对量表进行初步优化设计。通过开展预调研，针对预调研产生的感知范围不统一和测试时间较长的问题，对量表进行二次优化设计。最后开展正式调研，并基于回收的量表结果数据，进行信度与效度分析，得到本章 100 个信号控制交叉口交通秩序的主观评价。

第 4 章 交叉口交通秩序客观评价方法

本章结合第 3 章得到的交通秩序主观评价，选择多层感知机神经网络模型作为基础模型，并分析现有模型的缺点与不足，设计两个优化步骤，以此构建信号控制交叉口交通秩序客观评价模型。然后对交通秩序影响因素进行敏感性分析，进一步探究交叉口各条件对交通秩序的影响。

4.1 交叉口交通秩序潜在客观评价指标

4.1.1 潜在客观评价指标描述

为了反映交叉口的秩序水平，本章以车辆的运行状态作为切入点，总结以往研究及直观感受，提出六个交通秩序潜在客观评价指标，如表 4.1 所示。需要注意的是，对于本章提出的客观评价指标，均是以"车道—方向—整体"的顺序进行计算的，而非将所有车辆的指标直接平均计算。例如，对于轨迹偏差指标，先计算车道平均轨迹偏差，再计算进口方向平均轨迹偏差，最后计算交叉口平均轨迹偏差。以车道轨迹偏差为基准计算单位，进而到进口方向，最后得到交叉口整体的轨迹偏差。采用递进计算的方法，可以有效地反映交叉口整体的运行状态。

表 4.1 交通秩序潜在客观评价指标说明

指标名称	指标定义及说明
轨迹偏差	实际车辆轨迹与标准轨迹之间的距离标准偏差
速度偏差	实际车辆平均速度与车辆总体平均速度之间的标准偏差
平均速度	所有车辆的平均通行速度，m/s
交叉口饱和度	实际交通流量和交叉口通行能力之比
平均通行时间	车辆从进口道停车线至出口道停车线的平均时间，s
流量	每分钟通行车辆总数，pcu/min

表 4.1 中，pcu 为标准车当量数，根据《城市道路工程设计规范（2016 年版）》（CJJ 37—2012），各种车辆的换算系数如表 4.2 所示。

表 4.2 车辆换算系数

车辆类型	小客车	大型客车	大型货车	铰接车
换算系数	1.0	2.0	2.5	3.0

4.1.2 潜在客观评价指标计算

1. 轨迹偏差

轨迹偏差的定义是实际车辆轨迹与标准轨迹之间的距离标准偏差。该指标可描述信号控制交叉口内部车辆行驶路径与标准轨迹间的离散差异，从而反映信号控制交叉口内部车辆运行状态。轨迹偏差以"车道—方向—整体"的顺序进行计算。计算轨迹偏差的首要工作是确定标准轨迹。

对于单进口车道的轨迹偏差计算如式（4.1）所示。式中，轨迹点 i 与标准轨迹间的距离 d_{ki} 示意图如图 4.1 所示。

$$\sigma_k^L = \sqrt{\frac{1}{n}\sum_{i=1}^{n} d_{ki}^2} \tag{4.1}$$

式中，σ_k^L 为进口方向 k 中车道 L 的轨迹偏差，m；d_{ki} 为进口方向 k 中车道 L 轨迹点 i 与对应标准轨迹的距离，m，标准轨迹可通过本书第 5 章的模型确定；n 为进口方向 k 中车道 L 的轨迹点数量。

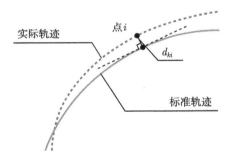

图 4.1　轨迹点 i 与标准轨迹间的距离 d_{ki} 示意图

在计算各车道的轨迹偏差后，根据式（4.2）对进口方向 k 中所有车道的轨迹偏差取平均值，得到进口方向 k 的轨迹偏差：

$$\sigma_k = \frac{1}{n_k}\sum_{L=1}^{n_k} \sigma_k^L \tag{4.2}$$

式中，σ_k 为进口方向 k 的平均轨迹偏差，m；n_k 为进口方向 k 中的车道数。

在计算得到各进口方向的轨迹偏差的基础上，将各进口方向的轨迹偏差取平均值，便可得到交叉口整体的轨迹偏差指标，如式（4.3）所示：

$$\sigma_A = \frac{1}{n_A}\sum_{k=1}^{n_A} \sigma_k \tag{4.3}$$

式中，σ_A 为信号控制交叉口轨迹偏差，m；n_A 为信号控制交叉口进口方向数量。

2. 速度偏差

速度偏差的定义是实际车辆平均速度与车辆总体平均速度之间的标准偏差。该指标反映信号控制交叉口内车辆速度的差异程度。计算速度偏差，首先需要计算车辆的平均速度。平均速度由车辆行驶距离与时间之比计算得到。借助于视频数据的高采样帧率（24 帧/s）的特点，通过微元法的思想计算车辆行驶距离。车辆每一帧的行驶距离如式（4.4）所示：

$$d_{ij} = \sqrt{(x_{ij} - x_{i(j-1)})^2 + (y_{ij} - y_{i(j-1)})^2} \tag{4.4}$$

式中，d_{ij} 为车辆 i 轨迹坐标点 j 与前一轨迹坐标点 $j-1$ 之间的距离，m。

然后根据式（4.5）计算车辆平均速度：

$$v_i = \frac{1}{n_i f} \sum_{j=1}^{n_i} d_{ij} \tag{4.5}$$

式中，v_i 为车辆 i 的平均速度，m/s；n_i 为车辆 i 的轨迹点数量；f 为视频采样频率，为 24 帧/s。

将上述车辆平均速度计算公式作为基础，车道速度偏差计算公式如式（4.6）所示：

$$\psi_k^L = \sqrt{\frac{1}{n_L} \sum_{i=1}^{n_L} (v_i^L - \overline{v^L})^2} \tag{4.6}$$

式中，ψ_k^L 为进口方向 k 车道 L 的速度偏差，m/s；v_i^L 为车道 L 车辆 i 的平均速度，m/s；$\overline{v^L}$ 为车道 L 所有车辆的平均速度，m/s；n_L 为车道 L 的车辆数，辆。

进口方向速度偏差如式（4.7）所示，交叉口整体速度偏差指标如式（4.8）所示：

$$\psi_k = \frac{1}{n_k} \sum_{L=1}^{n_k} \psi_k^L \tag{4.7}$$

$$\psi_A = \frac{1}{n_A} \sum_{k=1}^{n_A} \psi_k \tag{4.8}$$

式中，ψ_k 为进口方向 k 的速度偏差，m/s；n_k 为进口方向 k 中的车道数；ψ_A 为信号控制交叉口速度偏差，m/s；n_A 为信号控制交叉口进口方向数量。

3. 平均速度

平均速度的定义是车辆通过交叉口速度的平均值。该指标反映了车辆通过交叉口的速度情况。平均速度指标同样以"车道—方向—整体"的顺序进行计算。基于式（4.5），可计算得到单一车辆通过交叉口的平均速度。对于交叉口的某一车道的平均速度指标计算公式如式（4.9）所示：

$$V_k^L = \frac{1}{n_L} \sum_{i=1}^{n_L} v_i^L \tag{4.9}$$

式中，V_k^L 为进口方向 k 车道 L 的平均速度，m/s；v_i^L 为车道 L 车辆 i 的平均速度，m/s；n_L 为车道 L 的车辆数，辆。

进口方向平均速度如式（4.10）所示，交叉口整体平均速度指标如式（4.11）所示：

$$V_k = \frac{1}{n_k} \sum_{L=1}^{n_k} V_k^L \tag{4.10}$$

$$V_A = \frac{1}{n_A} \sum_{k=1}^{n_A} V_k \tag{4.11}$$

式中，V_k 为进口方向 k 的平均速度，m/s；n_k 为进口方向 k 中的车道数；V_A 为信号控制交叉口平均速度，m/s；n_A 为信号控制交叉口进口方向数量。

4. 交叉口饱和度

交叉口饱和度是交叉口运行效率评价的一个重要指标，也决定了交叉口服务水平。交叉口饱和度大小取决于交叉口通行能力、绿信比和流量。根据《美国道路通行能力手册》定义，交叉口内道路组的通行能力由饱和流率和绿信比乘积计算得到。通过航拍视频以及轨迹数据可以较为方便地获取绿信比和流量。因此计算交叉口饱和度的关键在于饱和流率。

车辆轨迹数据的实时与高精度的特征为饱和流率的计算提供了很大的帮助。本章采用根据轨迹资料计算饱和车头时距的方法计算饱和流率。

因为通过车辆轨迹数据可以清楚地得知车辆通过停车线的具体时刻，所以选取绿灯相位开启后，排队车辆第三至第五辆或处于稳定车流速度下连续三辆车的平均车头时距作为目标车辆数之间的车头时距。为了使数据精确，目标连续车辆数量可适当增加。车道饱和流率计算如式（4.12）所示。然后与车道对应绿信比相乘得到车道通行能力，车道通行能力如式（4.13）所示：

$$S = 3600n \times \sum_{i=1}^{n-1} \Delta t_i \tag{4.12}$$

$$C = S \times \gamma \tag{4.13}$$

式中，S 为车道饱和流率，辆/h；n 为目标车辆数，辆；Δt_i 为目标车辆数之间的车头时距，s；C 为车道通行能力，辆/h；γ 为车道对应的绿信比。

根据车道通行能力计算公式，得到进口方向通行能力如式（4.14）所示，交叉口通行能力计算如式（4.15）所示：

$$C_k = \sum_{i=1}^{n_k} C_k^i \tag{4.14}$$

$$C_A = \sum_{k=1}^{n_A} C_k \tag{4.15}$$

式中，C_k 为进口方向 k 的通行能力，辆/h；C_k^i 为进口方向 k 第 i 车道的通行能力，辆/h；n_k 为进口方向 k 中的车道数；C_A 为信号控制交叉口的通行能力，辆/h；n_A 为信号控制交叉口进口方向数量。

5. 平均通行时间

平均通行时间的定义是车辆通过交叉口时间的平均值。由于视频采样频率固定，因此对于一辆车，其通过交叉口的时间可由其帧点数计算而得，如式（4.16）所示。根据 "车道—方向—整体" 的客观评价指标计算原则，车道、方向、交叉口整体平均通行时间的计算如式（4.17）、式（4.18）和式（4.19）所示：

$$t_i = f n_i \tag{4.16}$$

式中，t_i 为车辆 i 通过交叉口的时间，s；n_i 为车辆 i 的轨迹点数量；f 为视频采样频率，为 24 帧/s。

$$T_k^L = \frac{1}{n_L} \sum_{i=1}^{n_L} t_i^L \tag{4.17}$$

$$T_k = \frac{1}{n_k} \sum_{L=1}^{n_k} T_k^L \tag{4.18}$$

$$T_A = \frac{1}{n_A} \sum_{k=1}^{n_A} T_k \tag{4.19}$$

式中，T_k^L 为进口方向 k 车道 L 的平均通行时间，s；t_i^L 为车道 L 车辆 i 的平均通行时间，s；T_k 为进口方向 k 的平均通行时间，s；T_A 为信号控制交叉口平均通行时间，s。

6. 流量

流量指标不同于其他客观评价指标,直接由通过交叉口的车辆数计算而得。通过交叉口的车辆数可由车辆识别软件直接输出,流量指标计算如式(4.20)所示:

$$Q_A = \frac{1}{t^m} N_A \tag{4.20}$$

式中,Q_A 为信号控制交叉口流量指标,pcu/min;N_A 为通过信号控制交叉口的车辆数,辆;t^m 为交叉口视频时间,min。

4.2　交通秩序客观评价模型选择

本章选择多层感知机神经网络模型作为交通秩序预测的基础模型。因此,本节针对人工神经网络和多层感知机神经网络原理进行阐述,并对多层感知机神经网络模型的缺点与不足进行分析。

4.2.1　确定模型的非线性关系

人工神经网络最适合拟合输出与输入之间复杂的非线性关系。因此,在采用优化的多层感知机神经网络模型拟合交通秩序之前,确定信号控制交叉口交通秩序客观指标与主观秩序评价的非线性关系是有必要的。

将客观评价指标数据集作为输入,交通秩序主观评价值作为输出,放入线性回归器中进行拟合,得到线性回归拟合情况。预测输出为模型拟合的输出,期望输出为相应的交通秩序主观评价值。图 4.2 描述了线性回归模型的交通秩序预测

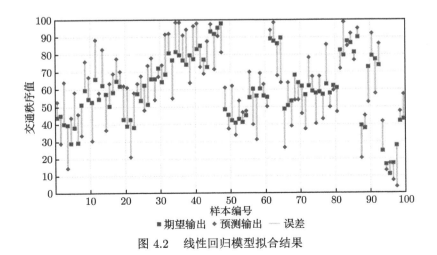

图 4.2　线性回归模型拟合结果

输出与期望输出之间的误差。可以看出，线性回归学习器的预测输出和期望输出之间存在较大的误差。

根据表 4.3，从模型的性能指标也可得知，拟合优度（即决定系数 R^2）为 0.34，平均绝对误差为 13.83，平均误差率达到了 26.23%。较低的拟合优度（R^2）意味着线性回归学习器的预测输出和期望输出相关程度较低。对于具有线性相关的输入与输出，线性回归学习器的预测输出应具有较低水平的误差和较高的拟合优度。根据模型的性能指标，线性回归学习器的预测输出和期望输出之间存在较大差异。因此，可以推断交通秩序值与客观评价指标之间存在非线性关系。所以，线性回归器的结果说明输入与输出具有非线性关系，下面将对本章提出的优化多层感知机神经网络模型的优化过程和结果进行描述。

表 4.3　　线性模型评价指标

模型评价参数	评价结果
决定系数（R^2）	0.34
平均绝对误差	13.83
平均误差率	26.23%

4.2.2　多层感知机神经网络模型

人工神经网络（artificial neural network）是在现代神经科学研究基础上提出的一个由多个单元组成的非线性、自适应的信息处理系统。通过输入历史数据，训练模型，进而对研究目标进行预测[62]，如图 4.3 所示。

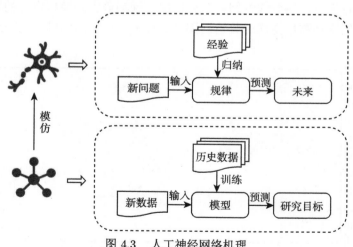

图 4.3　人工神经网络机理

多层感知机（multi-layer perceptron）作为人工神经网络模型的一个分支，其将生物神经元模型作为模型的基本结构[63]。最典型的多层感知机神经网络包括三层：输入层、隐藏层和输出层，多层感知机神经网络不同层之间是全连接的。多层感知机神经网络模型机理如图 4.4 所示。本章的研究目标为构建信号控制交叉口交通秩序客观评价模型，由于多层感知机模型对非线性数据拟合效果较好，可以有效地对输出进行预测。因此，本章选择多层感知机神经网络模型作为基础模型。

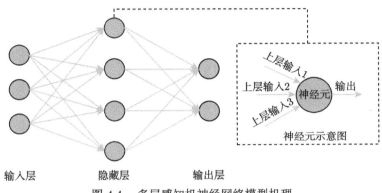

图 4.4　多层感知机神经网络模型机理

4.2.3　基础模型的缺点与不足

多层感知机模型可以较好地拟合预测输出，特别对非线性数据表现良好，因此多用于预测回归的研究任务。然而，其原始模型存在一定的缺点与不足。

1. 模型容易过拟合

过拟合是指训练误差和测试误差之间的差距太大，表现为模型在训练集上拟合效果较好，但在测试集上拟合效果较差。在多层感知机神经网络模型中，每一层神经元均相连，其网络特点容易导致模型学习了不适用于测试集的训练集性质或特点，而这些性质与特点并非整个数据集体现的共同特征，其结果便是模型面对新数据的拟合效果较差，即泛化能力差。

2. 计算复杂度高

对于多层感知机神经网络，模型计算复杂度与网络复杂度成正比。因为在模型中，每一层神经元均与上下层的各个神经元相连接，隐藏层的层数将直接导致模型训练过程中需要更新迭代的参数呈指数上升，而参数的数量决定着模型的运行效率。因此过于复杂的网络会对模型的运算效率产生较大的影响，从而影响模型效率。

3. 对超参数较为敏感

超参数作为模型的算法参数，与神经网络中更新迭代的参数不同，其不会在训练过程中变化。不同超参数的选择会较大地影响模型的拟合效果。为了实现较优的拟合效果，需要进行大量的调参实验。

因此，为了较好地对信号控制交叉口交通秩序进行预测，需要针对上述三个缺点对现有基本的多层感知机神经网络模型进行优化改进。

4.3　交通秩序客观评价模型优化

本书选择多层感知机神经网络模型作为预测信号控制交叉口交通秩序的基础模型。然而，多层感知机模型虽然对非线性的数据有较好的拟合效果，但是有模型容易过拟合、计算复杂度高以及超参数敏感的缺点。信号控制交叉口交通秩序客观评价指标资料维度广，数据类型复杂，根据经验法构建的模型不能有效地拟合交通秩序，需要对模型进行有针对性的优化。

4.3.1　数据增强

多层感知机神经网络模型的优势在于对非线性数据拟合效果好，然而其很容易产生过拟合的问题。对于人工神经网络模型，不仅需要其对训练数据集有很好的拟合效果，更希望其可以对新的数据集有良好的拟合结果，从而使模型具有一定的泛化能力。度量泛化能力的好坏，最直观的表现就是模型是否过拟合。

多层感知机神经网络模型产生过拟合的主要原因来源于数据集。数据集噪声大、数据集样本单一和数据集样本不足都会使模型容易产生过拟合的问题。通过第 3 章，可以有效地去除数据集的噪声数据。解决数据集样本单一和不足的问题的根本方法是数据增强。

数据增强主要根据卷标数据的情况进行算法选择。现有数据分布情况如图 4.5 所示，横坐标表示秩序主观评价值的范围，纵坐标表示秩序主观评价值在不同范围内的频率。原始信号控制交叉口主观评价数据集包含 4000 条测试者对信号控制交叉口的主观评价。通过第 3 章的资料分析，得到 100 个信号控制交叉口交通秩序的主观评价。根据图 4.5 的分析可知，接近 70% 的交叉口交通秩序主观评价为 30~90 分，相较于其他分数区间占比过大。此现象反映了现有数据集类别不平衡的问题。数据集类别不平衡会导致人工神经网络对少数类别的学习能力差，继而降低模型的整体拟合效果。为了避免数据集类别不平衡而产生的不良影响，应针对此现象选择合适的数据增强算法。

人工少数类过采样（synthetic minority over-sampling technique，SMOTE）法是一种综合采样人工合成数据算法，也是基于随机过采样算法的一种改进方案[64]。该算法是目前处理数据集类别不平衡的常用手段。SMOTE 算法的基本思想就是对少数类别样本进行分析和模拟，并将人工模拟的新样本添加到数据集中，进而使原始数据中的类别不再严重失衡。SMOTE 算法流程如图 4.6 所示。

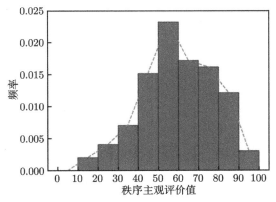

图 4.5 原数据集频率分布直方图

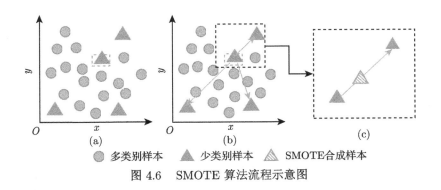

图 4.6 SMOTE 算法流程示意图

SMOTE 算法的本质是使用最近邻算法，计算出每个少数类样本的 K 个近邻；从 K 个近邻中随机挑选 N 个样本进行随机线性插值；构造新的少数类样本；将新样本与原数据合成，产生新的训练集。如图 4.6(a) 所示，三角形代表的样本数量要明显少于圆圈所代表的样本点。利用最近邻算法，选择离目标样本点最近的 K 个同类样本点，图 4.6 中 K 设置为 3，如图 4.6(b) 所示。从最近的 K 个同类样本点中，随机挑选 M 个样本点，图 4.6 中 M 设置为 1。对于每一个随机选中的样本点，构造新的样本点，如图 4.6(c) 所示。新样本点的构造采用式（4.21）：

$$x' = x_i + \eta \cdot (x_j - x_i) \tag{4.21}$$

式中，x' 为 SMOTE 算法合成的新样本点；x_i 为少数类别中的一个样本点 i；如图 4.6(a) 所示，x_j 表示从 K 近邻中随机挑选的样本点 j；η 为 0~1 的随机数。重复上述步骤，可以将原始的少数类别样本量扩充为理想的比例。

4.3.2　超参数优化

在多层感知机神经网络模型中，主要有两类参数：一类是模型参数，其由模型通过学习得到，如权重和偏差；另一类就是超参数，也称为算法参数。超参数是开始学习之前设置的参数，超参数不同于模型参数，超参数的不同设置可以对训练中的一般参数产生影响，导致拟合结果的不同。超参数一般需要训练者人工输入，并做出调整，以便优化训练模型的效果。在多层感知机神经网络模型中，常见的超参数有迭代次数、隐藏层层数、每层神经元个数、学习率和激活函数，如图 4.7 所示。

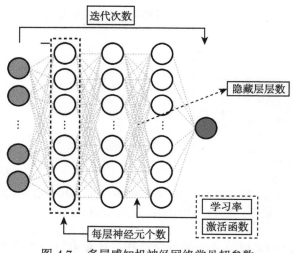

图 4.7　多层感知机神经网络常见超参数

超参数的不同组合决定着多层感知机神经网络的高层次结构。对于多层感知机神经网络，模型对于超参数较为敏感。超参数的设置影响模型最终的拟合效果。然而，一般情况下超参数需要手工设置，需要为它根据已有或现有的经验指定 "正确" 的值，也就是人为设定一个值，而非通过系统学习得到。目前最为常用的经验公式如式（4.22）所示：

$$n = \sqrt{p + q} + a \tag{4.22}$$

式中，n 为隐藏层层数；p 为输入层节点数；q 为输出层节点数；a 为 1~10 的随机整数。

根据此经验公式，设计基本多层感知机神经网络模型。基本多层感知机神经网络模型超参数设计如表 4.4 所示。

表 4.4　基本模型超参数设置值

超参数	初始值	超参数	初始值
学习率	0.0001	每层神经元个数	32
隐藏层层数	8	迭代次数	1200
激活函数	ReLU		

本书以表 4.4 的基本模型作为基础，并选取不同的取值范围进行测试实验，以此分析五个超参数的不同取值对模型拟合结果的影响程度。

激活函数的选择范围有 ELU、SELU、ReLU、Softplus、Linear、softmax、tanh、Sigmoid、Hardsig 和 Softsign。测试实验中另外四个超参数取值范围如表 4.5 所示。

表 4.5　测试实验超参数取值范围

超参数	取值范围	超参数	取值范围
学习率	0~1	每层神经元个数	0~80
隐藏层层数	0~10	迭代次数	0~2000

在基本多层感知机神经网络模型测试实验中，本章使用决定系数 (R^2) 评价模型拟合效果。决定系数一般情况下取值为 0~1，越接近 1 则模型拟合效果越佳，反之相反。测试实验的对照结果如图 4.8 所示。

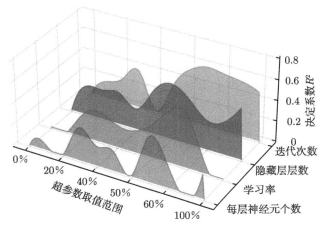

图 4.8　不同超参数对神经网络拟合效果的影响

由图 4.8 可知，学习率、隐藏层层数、每层神经元个数和迭代次数在各自的取值范围中波动较大，说明模型的拟合效果对超参数的不同取值较敏感。拟合效果呈现非线性变化，且四个连续型超参数的最优范围均不同。所以需要对超参数组合进行整体组合优化。

本书在测试实验中，选择了 10 种常用的激活函数，如图 4.9 所示，图中横坐标表示激活函数名称，纵坐标表示该函数对神经网络的拟合度，总体拟合结果均较差。其中，拟合效果最佳的为 ELU 和 ReLU 激活函数，决定系数为 0.31 左右。但是，后五种激活函数决定系数接近 0，表示这几类激活函数在当前超参数组合下拟合效果较差。所以，在基本模型的超参数组合下，这 10 种激活函数对于模型的拟合效果均不理想，需进一步同其他超参数优化。

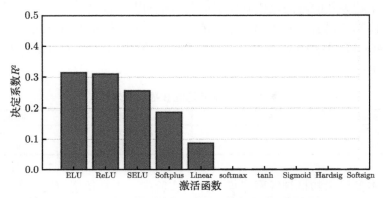

图 4.9   不同激活函数对神经网络拟合效果的影响

人工神经网络中的超参数优化旨在寻找使模型在验证数据集上表现性能最佳的超参数。在现阶段的研究中，超参数优化往往采用手动调参的方法。对于存在现有模型经验的情况下，手动调参较为有效。相反地，在没有研究基础与大量经验的前提下，手动调参一方面需要耗费大量时间，另一方面缺乏有效的标准，本节主要判断手动输入的超参数组合是否能使模型拟合效果较好。

为了避免手动调参的缺点，本章构建优化算法来进行超参数组合的自动化寻优。本章将超参数组合优化模拟于最优化问题，构建基于遗传算法的超参数优化算法，采用遗传算法来优化超参数组合，从而优化模型的拟合效果。在寻优算法的每个循环中，通过遗传算法生成改进的超参数组合，然后将其输入神经网络模型以评估模型在测试数据上的性能。在下一步中，重新检查人工神经网络的性能，如果模型拟合效果较好，则停止优化，否则，该过程将继续进行，直到满足停止条件并获得最佳超参数组合。模型整体流程如图 4.10 所示。

基于遗传算法的超参数优化算法各模块具体说明如下。

（1）染色体编码。本章采用整数编码，每个字符串表示一个超参数组合，其结构如图 4.11 所示。每一个染色体包括迭代次数、每层神经元个数、隐藏层层数、学习率以及激活函数五个超参数。

（2）适应度函数。在本章的超参数优化算法中，将每个超参数组合所对应的特定的神经网络的拟合优度，即决定系数，作为优化算法的适应度函数。

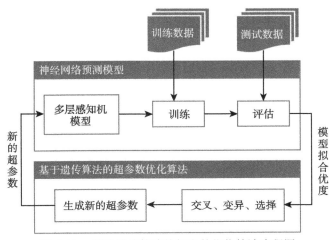

图 4.10　基于遗传算法的超参数优化算法流程图

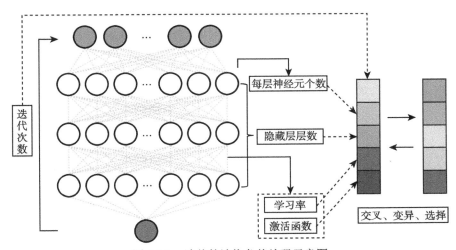

图 4.11　遗传算法染色体编码示意图

（3）选择。根据每条染色体的适应度，采用二元锦标赛选择法培育出一个新种群，并在从人群中随机选择的几个人之间进行"比赛"，并选择最适合的人。

（4）交叉。使用均匀交叉，两个配对个体的基因以相同的交叉概率进行交换，从而形成两个新个体。交叉概率设置为 0.25。

（5）变异。使用均匀变异，均匀变异将一定范围内的随机数以小概率替换原始基因值。变异概率设置为 0.01。

（6）停止标准。在每次迭代中，在染色体上执行交叉和变异操作以生成新的解决方案群体。重复此过程，直到两次相邻迭代的最佳适应度之间的差异小于预定的阈值。此外，遗传算法的稳定性在某种程度上依赖于收敛标准。收敛标准越严格，结果就越稳定。同时，为了避免遗传算法的随机性导致的局部优化，最小迭代次数设置为 400。

4.3.3　模型构建流程

结合上述数据增强和超参数优化两方面对模型提出相应的优化策略，构建优化的信号控制交叉口交通秩序预测模型，构建流程如图 4.12 所示。

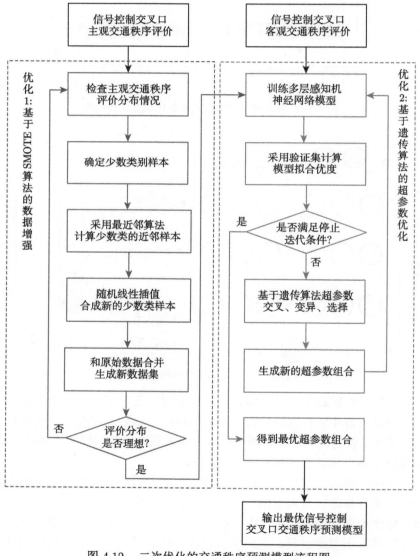

图 4.12　二次优化的交通秩序预测模型流程图

优化多层感知机神经网络模型相较于传统模型增加了两个优化流程：数据增强和超参数优化。优化步骤 1 为数据增强，流程如下。

（1）采用本书第 3 章的信号控制交叉口交通秩序主观评价量表，得到主观交通秩序评价。对主观评价数据进行数据分布检查，确定少数类别样本。

（2）针对少数类别样本，运用 SMOTE 算法进行数据增强，随机线性插值合成新的数据。

（3）将 SMOTE 数据增强算法合成的新数据集和原有数据集合并，并重新评价数据集。如果数据分布比例依旧不理想，则循环进行数据增强优化步骤。进入优化步骤 2。

优化步骤 2 为超参数优化，基本思想为将超参数优化作为最优化问题，以模型的拟合效果最优为优化目标，采用遗传算法寻找最优超参数组合，流程如下。

（1）结合优化步骤 1 得到的主观评价数据集，以及第 3 章计算的交通秩序主观评价指标，以经验法得到的超参数组合作为初始基因组，以模型的决定系数（R^2）作为适应度函数。特别要注意的是，本章在多层感知机模型中，输入训练集和验证集对模型进行训练时，采用的是每次迭代随机以 8:2 的比例将原始数据集分为训练数据集和验证数据集。使用此方法的优势在于增加了训练集和验证集的随机性，相比于固定训练集和验证集可以在一定程度上避免过拟合。

（2）通过遗传算法的交叉、变异和选择，生成新的超参数组合，并根据超参数组合重新训练。

（3）经过遗传算法寻优，得到最优超参数组合。以最优超参数组合，输出最优神经网络模型，得到用于计算交叉口交通秩序的神经网络模型。

4.4 模型优化过程和结果

基于所建立的神经网络模型，将信号控制交叉口潜在交通秩序客观评价指标数据集作为训练数据集，交通秩序主观评价作为训练标签，拟合交通秩序预测模型。

4.4.1 模型优化步骤 1 结果

模型优化步骤 1 为数据增强。通过主观评价量表得到的信号控制交叉口主观评价数据，采用 SMOTE 数据增强算法，对原始数据集进行数据增强。优化步骤 1 的优化结果如图 4.13 所示，图中横坐标表示秩序主观评价值，纵坐标表示不同主观评分区间的频率。

如图 4.13(a) 所示，原始交叉口主观评价数据集通过第 3 章的资料分析，得到 100 个信号控制交叉口交通秩序的主观评价。从图中分析可知，接近 70% 的

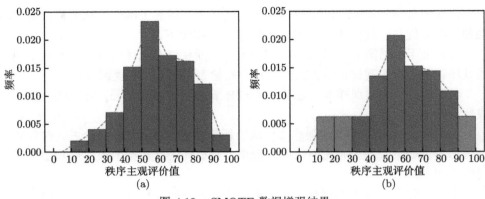

图 4.13   SMOTE 数据增强结果

交叉口交通秩序主观评价为 30~90 分，而 10~20 分、20~30 分和 90~100 分的数据相较于其他的得分区间的数据量较低，会对模型产生过拟合的影响。因此对上述三个得分区间进行 SMOTE 数据增强。

数据增强结果如图 4.13(b) 所示，针对主观评价 10~20 分区间、20~30 分区间和 90~100 分区间的少类别数据，采用 SMOTE 算法进行数据增强。使三个区间的数据量均达到新数据集的 6.25%，从而使人工神经网络模型可以学习三个主观评价区间的数据。避免在模型验证时，对于极端情况产生过拟合的问题。

4.4.2   模型优化步骤 2 结果

在原始数据集经过优化步骤 1 的数据增强后，进入优化步骤 2，即超参数优化。本节采用遗传算法进行超参数组合寻优，所以使用多层感知机神经网络模型的经验值作为优化步骤 2 的初始值，如表 4.6 所示。

表 4.6   优化步骤 2 模型超参数初始值

超参数	初始（经验）值	超参数	初始（经验）值
学习率	0.0001	每层神经元个数	32
隐藏层层数	8	迭代次数	1200
激活函数	ReLU		

将上述经验值作为初始值，并与新的数据集输入优化步骤 2 中。优化步骤 2 以超参数组合作为基因组，神经网络模型的决定系数 (R^2) 作为适应度函数。种群规模设置为 30，经过遗传算法多次迭代，得到的最优超参数组合如表 4.7 所示，遗传算法迭代过程如图 4.14 所示。

表 4.7 优化步骤 2 超参数优化结果

超参数	优化结果	超参数	优化结果
学习率	0.001	每层神经元个数	11
隐藏层层数	5	迭代次数	400
激活函数	ELU		

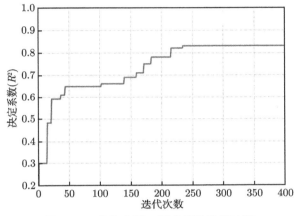

图 4.14 优化步骤 2 遗传算法迭代过程

在优化步骤 2 中，遗传算法在经过 237 次迭代后，收敛于最优的超参数组合，如表 4.7 所示。多层感知机神经网络模型在此超参数组合下决定系数为 0.83。根据模型构建中设置的停止迭代规则，为防止遗传算法的随机性产生局部最优解，优化步骤 2 中的遗传算法在经过 400 次迭代后跳出循环，优化步骤 2 结束。

4.4.3 模型计算结果

基于上述数据增强和超参数优化结果，将信号控制交叉口交通秩序潜在客观评价指标和主观评价数据集输入神经网络模型中，训练过程如图 4.15 所示。

得到预测交通秩序评价值后，将预测输出与主观评价量表得到的主观评价比较，如图 4.16 所示。模型评价指标如表 4.8 所示。根据图 4.16，带有三角形的线为期望输出，即输入的交叉口交通秩序主观评价值，带有菱形的线为神经网络模型预测输出的交通秩序评价值。根据两者数据，计算得到模型的决定系数 (R^2) 为 0.83，预测输出的平均绝对误差为 5.78，平均误差率为 11.41%。可知模型对于目前的数据集的预测效果较好，虽然未能精确预测交通秩序的评价，但可以预测信号控制交叉口交通秩序的大致范围，可以用于比较不同交叉口之间交通秩序的大致优劣。

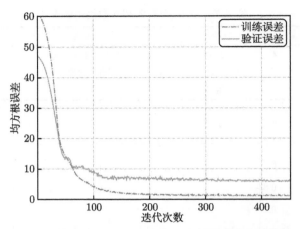

图 4.15　信号控制交叉口交通秩序预测模型训练过程

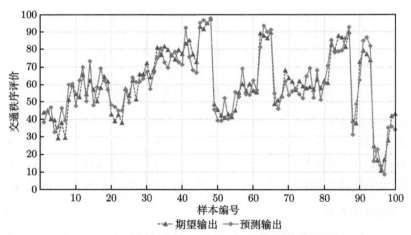

图 4.16　信号控制交叉口交通秩序预测模型预测输出

表 4.8　模型评价指标

模型评价参数	评价结果
决定系数 (R^2)	0.83
平均绝对误差	5.78
平均误差率	11.41%

　　至此，根据优化设计的多层感知机神经网络模型，可以对信号控制交叉口交通秩序进行预测。然而，对于优化策略对模型的改进效果以及评价指标对于预测输出不同的重要性需要进一步分析。

4.5 模型结果分析

为了明确优化策略对模型的改进效果，本节对原始模型进行对比分析，进一步讨论两个优化步骤对原始模型产生的优化效果。同时，通过采用改进的 Garson 算法，计算神经网络模型中神经元之间的权重，得到客观指标对于模型的相对贡献度，分析客观指标对交通秩序预测输出产生的不同影响。

4.5.1 优化策略效果分析

本章基于基础的多层感知机神经网络原始模型，采取了两个优化步骤，分别为基于 SMOTE 算法的数据增强和基于遗传算法的超参数优化。下面分别讨论两种优化步骤对模型产生的具体优化效果。

优化步骤 1，即数据增强，通过 SMOTE 算法人工合成少数类别样本，避免多层感知机神经网络因小样本而产生的过拟合问题。为了比较优化步骤 1 对于模型拟合产生的积极影响，本节将未经数据增强优化的原始数据集和经过 SMOTE 数据增强的数据集，输入相同的多层感知机神经网络模型中。使用相同的超参数组合，即确保相同的神经网络结构。然后比较相同的神经网络模型在训练过程中使用两种数据集的不同结果。同时，为了更直观地比较两种方案的效果，将训练过程中的波动曲线进行平滑处理，优化效果比较如图 4.17 所示。

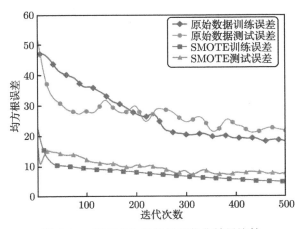

图 4.17 SMOTE 数据增强优化效果比较

由图 4.17 可知，使用原始数据集的神经网络模型，在训练过程中波动较大，说明原始数据集少类别样本影响了模型对于交通秩序计算的整体拟合效果，使模型在验证集的表现不佳，才导致了模型在整体训练过程中一直反复，波动较大。使用原始数据集的模型在经过 500 次迭代后，均方根误差依然在 20 左右。且随着迭代次数的增长，误差下降较缓慢。均方根误差高，且下降缓慢，表示其存在过拟合的风险。

相较于原始数据集，经过 SMOTE 数据增强后的数据集，训练误差在前期迭代的过程中便将均方根误差降低至 5~10，并在后续的迭代过程中，相对原始数据集，训练误差和测试误差波动较小。

所以针对本章数据集，经过 SMOTE 数据增强优化的数据集，可以使模型拟合效果较快收敛，同时降低神经网络模型训练和测试误差，提高神经网络模型的拟合效果。

优化步骤 2，即基于遗传算法的超参数优化，由于多层感知机模型拟合效果对超参数较为敏感的缺点，本章将超参数优化作为最优化问题。将超参数组合作为基因，神经网络模型的拟合优度作为适应度函数，使用遗传算法寻找最优超参数组合。然而，目前普遍使用经验法进行超参数的选择和优化，经验法的超参数设置如表 4.4 所示。为了比较优化步骤 2 的优化效果，在数据集相同的情况下，将使用两种不同组合的神经网络模型拟合效果进行比较，结果如表 4.9 所示。

表 4.9 优化步骤 2 优化效果比较

超参数组合	决定系数 (R^2)	平均绝对误差	平均误差率
经验法	0.47	13.47	20.69%
遗传算法优化	0.83	5.78	11.41%

由表 4.9 可知，在遗传算法优化后，模型的决定系数由 0.47 提高到 0.83，平均绝对误差由 13.47 降到 5.78，平均误差率由 20.69% 降到 11.41%。经过基于遗传算法优化的超参数组合，模型的拟合效果相较基础的经验法较好。

然而更为重要的是，经验法一方面需要依靠大量的经验和先前的研究才有较好的效果，另一方面随着数据集的不断扩大，超参数需要重新设计。本章提出的基于遗传算法的超参数优化策略，本质是根据数据集的特点，通过算法寻找最适合数据集的超参数。超参数组合将随着交叉口交通秩序评价数据集的不断扩大而自动调整。采用基于遗传算法的超参数优化相较经验法对于交通秩序预测的优化效果更好。

4.5.2 客观评价指标敏感性分析

为了能够较为准确地反映客观评价指标对交通秩序的影响水平，本节将对客观评价指标进行敏感性分析。

在神经网络模型中，每个输出变量的敏感性是由它们对模型输出的贡献度来确定的。因此本节利用改进的 Garson 算法计算各输出变量对模型输出的相对贡献度。Garson 算法是一种基于神经网络的敏感性分析算法，其利用神经网络生成的连接权重计算模型中各输入变量对模型输出的贡献度[65]。但是由于连接权重的正负不同，基本的 Garson 算法会产生负数，不能有效、直观地反映输入变量的重要程度。Goh[66] 为了解决这个问题，提出了改进的 Garson 算法，如式（4.23）所示：

$$Q_{mk} = \frac{\sum\limits_{j=1}^{S}\left(|w_{mj}v_{jk}| / \sum\limits_{r=1}^{p}|w_{rj}v_{jk}|\right)}{\sum\limits_{r=1}^{p}\sum\limits_{j=1}^{S}\left(|w_{mj}v_{jk}| / \sum\limits_{r=1}^{p}|w_{rj}v_{jk}|\right)} \tag{4.23}$$

式中，Q_{mk} 为输入神经元的相关贡献度；p 为输入神经元个数；S 为隐藏层神经元个数；w 为输入神经元与输出神经元之间的连接权重；v 为隐藏神经元与输出神经元之间的连接权重；m 为输入神经元编号；j 为隐藏层神经元编号；k 为输出神经元编号。

基于改进的 Garson 算法计算客观评价指标对交通秩序预测值的相对贡献度，如图 4.18 所示。

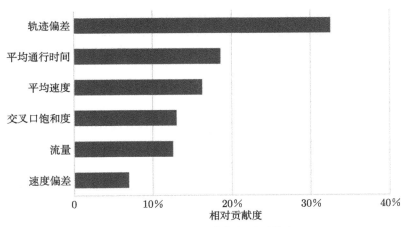

图 4.18　客观评价指标相对贡献度

由图 4.18 可知，轨迹偏差对于交通秩序有显著影响，而流量对交通秩序影响较小。其中，轨迹偏差对交通秩序的影响最大，相对贡献度达到了 32.5%。这是因为车辆轨迹的差异程度较容易被观测者所感知，促使观测者根据轨迹差异程度对交叉口交通秩序进行评价。轨迹偏差也反映了车辆运行状态是否稳定，稳定的车辆运行状态可以在一定程度上解释交叉口整体的交通秩序。影响排名第二的是平均通行时间，相对贡献度为 18.6%。此评价指标反映了车辆通过交叉口的时间长短。与轨迹偏差相同，此指标也较容易被观测者所感知。平均速度、交叉口饱和度和流量对交通秩序的影响一般，相对贡献度分别为 16.2%、13.0% 和 12.6%。速度偏差对交通秩序的影响最小，这是因为测试者在评价交通秩序时，对于速度偏差的感知能力较低，不易察觉速度的细微变化，很难根据速度的差异程度作为评价交叉口交通秩序的主要指标。

根据改进的 Garson 算法，对模型中输入的交通秩序客观评价指标的重要度进行定量的分析与解释。但客观评价指标与交通秩序的正负相关性，以及交通秩序是如何根据客观评价指标进行变化的需进一步讨论与分析。

依据客观评价指标的个数，重新建立 6 组新数据集。当某个客观评价指标是待研究指标时，该指标保持原实测值不变，其他变量取其各自平均值，此时该资料整体作为一组新的数据集。这样的新数据集可以规避其他输入变量对输出变量的影响，保证可以单独分析每个影响因素对输出变量的影响。下面利用 4.3 节中确立的最优多层感知机神经网络模型，依次对模型中输入的所有客观评价指标进行敏感性分析并计算得到每个新数据集的输出预测值。

六个客观评价指标敏感性分析结果如图 4.19 所示，从图 4.19(a) 可知，随着轨迹偏差增大，交叉口交通秩序虽有一定的起伏，但整体呈下降趋势。这是由于交叉口内部运行车辆轨迹偏差增大，导致交叉口内部混乱，使交通秩序评价下降。同时轨迹偏差相较于其他运行效率客观评价指标，在取值范围内，交通秩序评价值变化较大。可知，轨迹偏差相对影响程度较大。从图 4.19(b) 和图 4.19(c) 可知，平均通行时间和交通秩序呈负相关关系，平均速度和交通秩序呈正相关关系，表示车辆越快离开交叉口，交通秩序评价值越高。同时平均通行时间相较于平均速度对交通秩序评价值影响大，这是因为车辆通过交叉口的时间快慢，在一定程度上决定了车辆运行状态的稳定与否。由图 4.19(d) 和图 4.19(e) 可知，随着交叉口流量升高，交叉口饱和度也升高，交通秩序先是呈快速下降趋势，后缓慢升高。这是由于在饱和度较低时，车辆不会随意行驶，会以较快的速度通过交叉口；而在饱和度处于中等程度时，车辆会选择有利的条件行驶，不同的驾驶行为导致交叉口内部秩序降低；在饱和度较高时，交叉口运行条件受限，车辆倾向于参照前车行驶，从而使交叉口内部呈现交通秩序较好的状态。而且饱和度的变化相较于流量对交通秩序的影响较大，这是由于交叉口饱和度作为评价交叉口服务水平的一个重要指标，更能反映交叉口内部车辆的运行状态。由图 4.19(f) 可知，速度偏差和交通秩序呈负相关关系，且速度偏差指标对交通秩序的影响较小。随着速度偏差的增大，交叉口交通秩序呈缓慢下降的趋势。

本节通过改进的 Garson 算法对六个客观评价指标的敏感性分析，得到了客观评价指标对信号控制交叉口交通秩序预测模型的相对贡献度，并分析了客观评价指标和交通秩序的正负相关性，以及交通秩序是如何根据这六个客观评价指标进行变化的。4.6 节将对交通秩序的影响因素进行分析。

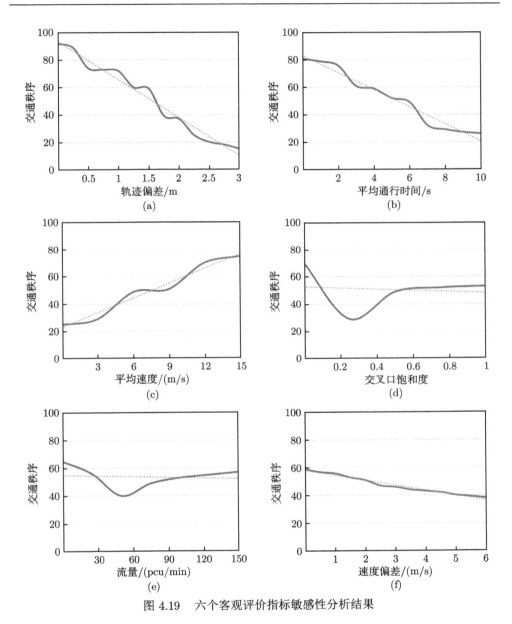

图 4.19 六个客观评价指标敏感性分析结果

4.6 交通秩序影响因素分析

本节进一步对影响交通秩序的相关因素进行分析。

4.6.1　影响因素选择与描述

根据采集到的信号控制交叉口航拍视频特点与识别的交叉口内部车辆轨迹数据特征，并结合交叉口几何设计与管理控制两个角度，我们总计选择六个影响因素。具体定义及说明如表 4.10 所示。

表 4.10　影响因素整体描述

影响因素名称	定义及说明
进口车道数	交叉口进口车道总数
出口车道数	交叉口出口车道总数
中央隔离带数量	中央隔离带设置数量
机非隔离带数量	机非隔离带设置数量，单一方向进口道和出口道均设置才视为一条
左转保护方向数	以对向进口方向为一组，左转保护相位设置数量
导流线数量	交叉口内部导流线设置数量，单个进口方向多条导流线视为一条

4.6.2　影响因素敏感性分析

为了分析提出的六个影响因素是如何影响交通秩序的，需要构建影响因素与交通秩序的模型。在交通秩序影响因素分析中，采用与 4.3 节同样的改进的多层感知机神经网络模型。模型输出不变，为第 3 章得到的交通秩序主观评价，模型输入设置为六个影响因素，并以相同的数据集进行训练。最后使用与客观评价指标相同的敏感性分析方法，依据影响因素的个数，重新建立六组新数据集。当某个影响因素是待研究影响因素时，该影响因素保持原实测值不变，其他变量取其各自的平均值，此时该资料整体作为一组新的数据集。信号控制交叉口交通秩序影响因素敏感性分析如图 4.20 所示。

如图 4.20 所示，在提出的六个影响因素中，出口车道数、左转保护方向数和导流线数量对交通秩序的影响最大，进口车道数、中央隔离带数量、机非隔离带数量对交通秩序的影响相对较小。

由图 4.20(a) 和图 4.20(b) 可知，进口车道数与交通秩序呈负相关关系，出口车道数与交通秩序整体呈正相关关系。进口车道数的增加，导致了驾驶员车道的选择增加，运行状态也更加随意，使交叉口内部混乱，交通秩序降低。其中，出口车道数相较于进口车道数对交通秩序的影响程度更大。这是因为车辆进入交叉口内部时，多个出口道更影响驾驶员的驾驶行为，导致车辆之间相互影响，交叉口整体交通秩序降低。同时，出口车道数虽整体呈上升趋势，但是出口车道数在 8~12 的区间内时，交通秩序有显著上升，之后，随着出口车道数的增加，交通秩序便迅速下降。出现这种趋势是由于车辆通过交叉口时，出口道过少，不同转向的车辆产生冲突。通过交叉口的时间以及车辆的轨迹将会受到严重影响，甚至产生拥堵。当出口车道数在合适的区间时，直行车辆轨迹将确定，且受到右转或左转

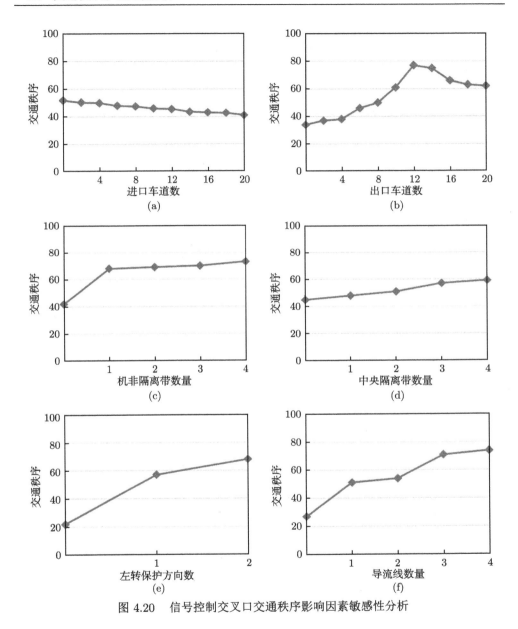

图 4.20 信号控制交叉口交通秩序影响因素敏感性分析

车辆的影响程度较低。所以交叉口交通秩序有一定的上升。而当出口车道数过多时，在满足了所有车辆转向需求的情况下，驾驶员选择车道的随机性增加，导致交通秩序有略微的下降。

由图 4.20(c) 和图 4.20(d) 可知，机非隔离带数量和中央隔离带数量与交通秩序呈正相关关系。其中机非隔离带设置情况从无到有，交通秩序有显著提升。这是由于非机动车在通过交叉口时随机性较大，且非机动车流量越大，此情况越明显。驾驶员需要考虑非机动车的运行情况，进而对机动车辆通过交叉口的运行状态产生影响。中央隔离带数量与交通秩序呈正相关关系，但相较于机非隔离带数量对交通秩序的影响较小。中央隔离带的设置会使靠近交叉口中央车道的车辆受到对向车辆的影响降低，从而车辆具有更稳定的运行状态，导致交通秩序上升。

由图 4.20(e) 可知，左转保护方向数与交通秩序呈正相关关系，且对交通秩序的影响程度较大。从交叉口没有设置左转保护方向到设置单个左转保护方向，交通秩序有较为显著的提升。当交叉口所有方向均设置左转保护方向时，交通秩序也随之升高。这是由于在没有左转保护方向时，左转车辆容易与对向直行车辆产生较大冲突。从速度角度看，会产生减速甚至停车等待直行通过的情况，从而导致左转车辆通过交叉口的时间延长，甚至发生左转车辆拥堵的情况。从车辆轨迹方面来看，由于驾驶员对交叉口运行情况判断不同，如激进的驾驶员会较快通过交叉口，影响对向直行车辆的稳定运行，导致交叉口整体车辆轨迹差异较大，造成交通秩序降低。

由图 4.20(f) 可知，导流线数量与交通秩序呈正相关关系，且对交通秩序的影响程度较大。相较于在交叉口内没有设置导流线，在设置了一条导流线后，交通秩序便有显著上升。且随着导流线设置的不断增多，交通秩序呈阶梯式上升。由此可知，相较于其他影响因素，导流线数量对交通秩序的影响程度较大。这是由于导流线对车辆的轨迹有一定的约束作用。虽然导流线对车辆而言是非硬性控制，但对于交叉口内部无车道划分的空间里，导流线能有效地引导驾驶员前往指定的出口车道。这也在一定程度上规范了车辆的运行轨迹。同时，由于车辆有较为明确的轨迹安排，通过交叉口的速度也随之上升，缩短了通过交叉口的时间。所以，导流线能有效地提升交通秩序。

从上述对六个影响因素的敏感性分析可知，出口车道数、导流线数量和左转保护方向数对交通秩序的影响程度较大，这对改善交通秩序有一定的参考意义。

4.6.3   预测模型影响因素讨论

为了分析影响因素对本章构建的预测模型与主观评价是否具有相似的影响，与 4.5 节影响因素分析模型选择相同的参数，仅将模型输出量从主观交通秩序评价值更换为模型预测值。通过对模型进行训练，得到基于预测模型的影响因素分析，并与主观评价值进行对比。对比结果如图 4.21 所示。

根据 4.5 节对预测模型结果的分析，预测模型的拟合优度为 0.83，平均绝对误差为 5.78。说明预测模型对主观评价的交通秩序拟合效果较好。由图 4.21 可知，相较于主观评价值，模型预测值虽然在数值上有一定的误差，但在整体的正负相关性和变化趋势上大致相同。特别地，在对出口车道数和导流线数量敏感性

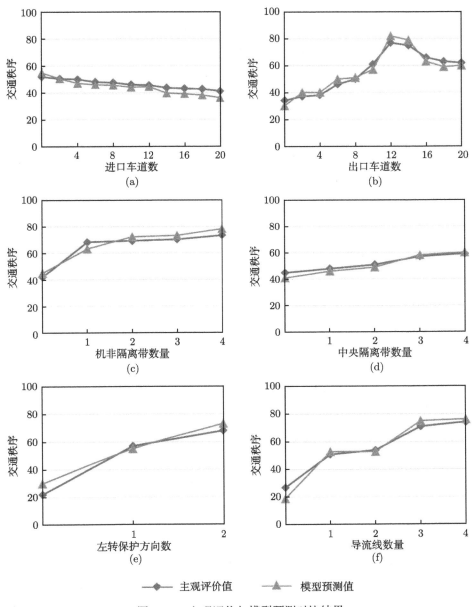

图 4.21 主观评价与模型预测对比结果

分析中,模型预测值依然具有相似的变化趋势,说明模型预测的交通秩序可以较好地反映相关影响因素对交通秩序的影响。

结合预测模型的性能效果分析与敏感性对比分析可知,针对信号控制交叉口交通秩序评价，本章提出的预测模型具有一定的工程应用价值。模型对交通秩序的拟合程度较优且能较好地反映影响因素对交通秩序的影响。虽然模型有一定的误差，但能判断信号交叉口交通秩序的优劣以及大致区间。这在具体改善信号控制交叉口交通秩序时提供了依据与参考。

4.7　本 章 小 结

本章结合第 3 章得到的交叉口交通秩序主观评价，利用改进的多层感知机神经网络构建了信号控制交叉口交通秩序预测模型，并对影响信号控制交叉口交通秩序的因素进行分析。基于模型分析提出改善交通秩序的相关措施与建议。

首先，对研究目标特点和数据集特征进行了分析，选择多层感知机神经网络作为预测信号控制交叉口交通秩序的基础模型。其次，分析了基础模型的缺点，提出了 SMOTE 数据增强和基于遗传算法的超参数优化两个优化步骤。以此构建优化的多层感知机神经模型。模型预测结果表明，两个优化步骤可以显著地提升模型的拟合优度。采用改进的 Garson 算法，分析了六个客观评价指标的相对贡献度。其中，轨迹偏差指标和平均通行时间指标对模型的相对贡献度最大。最后，对提出的六个影响因素进行了敏感性分析。结果表明，导流线数量、出口车道数和左转保护方向数对交通秩序的影响较大。

第 5 章　交叉口车辆二维运动轨迹建模

传统的交通流模型大多是针对路段的一维模型，鲜有针对交叉口建立的二维模型。本章将基于最优控制理论，建立一个平面交叉口通行轨迹模型，对模型进行求解，并从单车和车流两方面进行模型仿真验证。单车方面主要验证模型的描述力、合理性和准确性。车流方面主要针对交叉口车流通行轨迹离散化特点，选择合适的参数拟合方法进行仿真，以验证模型的准确性。

5.1　模 型 构 建

在二维平面中，起讫点之间的路径有无数种可能，如图 5.1 所示，本章假设驾驶员将在最大限度地减少预测成本的同时，选择路径和速度。本章的模型构建思路是：先定义状态函数，再定义动态系统，最后定义成本函数和约束条件。

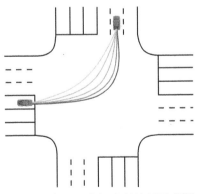

图 5.1　交叉口车辆路径选择示意图

5.1.1　状态函数

将状态 X 定义为目标车辆行驶距离 s 的函数，状态函数包含横坐标 $x(s)$、纵坐标 $y(s)$、转向角 $\theta(s)$、速度的倒数 $p(s)$，如式（5.1）所示。相比于选择时间作为自变量，本章选择行驶距离作为自变量有很大优势。选择行驶距离作为自变量可以将横向控制和纵向控制分开，这样可以体现出车辆的转向功能，不同的转向会形成不同的路径。同时，在横向运动中，$\mathrm{d}\theta/\mathrm{d}s$ 相当于车辆路径的曲率。

$$\boldsymbol{X}(s) = \begin{bmatrix} x(s) \\ y(s) \\ \theta(s) \\ p(s) \end{bmatrix} \tag{5.1}$$

式中，$\boldsymbol{X}$ 为车辆在行驶距离 s 处的状态；(x, y) 为车辆在行驶距离 s 处的平面坐标，m；θ 为车辆在行驶距离 s 处的转向角，rad；p 为车辆在行驶距离 s 处的速度的倒数，s/m。

本章中，假设起始状态和终端状态已知，起始状态 $\boldsymbol{X}_0$ 如式（5.2）所示，终端状态 $\boldsymbol{X}_D$ 如式（5.3）所示，其中终端状态的速度可以为任意值，因此不作输入。

$$\boldsymbol{X}_0 = \begin{bmatrix} x_0 \\ y_0 \\ \theta_0 \\ p_0 \end{bmatrix} \tag{5.2}$$

$$\boldsymbol{X}_D = \begin{bmatrix} x_D \\ y_D \\ \theta_D \end{bmatrix} \tag{5.3}$$

5.1.2　动态系统

为了描述轨迹选择行为，驾驶员通过效用模型来估计和预测轨迹成本，然后利用动态系统来确定其未来状态，动态系统如式（5.4）所示，其中车辆的控制向量如式（5.5）所示：

$$\frac{\mathrm{d}\boldsymbol{X}}{\mathrm{d}s} = \frac{\mathrm{d}}{\mathrm{d}s} \begin{bmatrix} x \\ y \\ \theta \\ p \end{bmatrix} = \begin{bmatrix} \cos\theta \\ \sin\theta \\ \kappa \\ \alpha \end{bmatrix} \tag{5.4}$$

$$\boldsymbol{U} = \begin{bmatrix} \kappa \\ \alpha \end{bmatrix} \tag{5.5}$$

式中，κ 为行驶距离 s 处轨迹的曲率，即转弯半径的倒数，rad/m；α 为车辆在行驶距离 s 处的加速度的参数，正值表示减速，负值表示加速，s/m^2；$\boldsymbol{U}$ 为行驶距离 s 处车辆的控制向量。

5.1.3　成本函数

考虑从初始状态 $\boldsymbol{X}_0$ 到实际终端状态 $\boldsymbol{X}_f$[如式（5.6）所示] 的轨迹控制向量 $\boldsymbol{U}$。给定控制向量 $\boldsymbol{U}(s)$，可以确定车辆在整个轨迹中的状态，同时也会产生成本，如式（5.7）所示。该成本主要分为终端成本和运行成本两部分：

$$\boldsymbol{X}_f = \begin{bmatrix} x_f \\ y_f \\ \theta_f \end{bmatrix} \tag{5.6}$$

$$C(\boldsymbol{X}, U) = K(s_f, \boldsymbol{X}_f) + \int_{s_0}^{s_f} L(s, \boldsymbol{X}, \boldsymbol{U}) \mathrm{d}s \tag{5.7}$$

式中，K 为终端成本，反映轨迹末端的成本；s_f 为轨迹末端的实际位置；s_0 为轨迹始端的实际位置；$\boldsymbol{X}_f$ 为实际终端状态；L 为运行成本，反映车辆行驶过程中产生的成本。

终端成本 K 是指规划轨迹终端与实际轨迹终端在位置和转向角上的偏差而产生的成本。构建终端成本的目的是期望得到一个接近实际位置和转向角的车辆轨迹，终端成本如式（5.8）所示：

$$K = \frac{1}{2}b((x_f - x_D)^2 + (y_f - y_D)^2 + (\theta_f - \theta_D)^2) \tag{5.8}$$

式中，b 为终端成本的相对权重。

为了确保车辆达到期望的位置和角度，可将 b 设置为相对较大的数。

运行成本 L 反映了驾驶员在驾驶过程中考虑的各种成本，本章将其建模为不同成本的总和，如式（5.9）所示：

$$L = \sum \beta_j L_j \tag{5.9}$$

式中，L_j 为运行成本 j 的成本函数；β_j 为运行成本 j 的相对权重。

驾驶员在驾驶过程中，可能比较在意运行时间的长短和驾驶的平稳性，驾驶员可能既不喜欢急转弯，也不喜欢频繁加减速。因此，本章将考虑反映车辆运行时间的成本和反映驾驶平稳性的成本。由于运行成本 L 是关于行驶距离的积分 [见式（5.7）]，因此，本章用速度的倒数 p 来反映车辆运行时间的成本，如式（5.10）所示。驾驶平稳性定义为车辆横向加速度和纵向加速度的二次函数，如式（5.11）、式（5.12）所示：

$$L_1 = p \tag{5.10}$$

$$L_2 = \frac{1}{2}a_c^2 = \frac{1}{2}(\kappa p^{-2})^2 = \frac{1}{2}\kappa^2 p^{-4} \tag{5.11}$$

$$L_3 = \frac{1}{2}a_l^2 = \frac{1}{2}(\alpha p^{-3})^2 = \frac{1}{2}\alpha^2 p^{-6} \tag{5.12}$$

式中，a_c 为车辆的横向加速度，m/s^2；a_l 为车辆的纵向加速度，m/s^2。

5.1.4　约束条件

根据交通规则和车辆特性，设置速度、加速度和转向角的约束，使获得的车辆运动状态符合实际情况。车辆运行速度应限制在合理的范围内，且禁止倒车（即速度不能小于 0），如式（5.13）所示。车辆应设置最小转弯半径，即将车辆的转向角控制在合理范围内，如式（5.14）所示。表示车辆加速度的变量也应控制在合理的范围内，如式（5.15）所示：

$$\frac{1}{v_{\max}} \leqslant p \leqslant \frac{1}{v_{\min}} \tag{5.13}$$

$$-\frac{1}{r_{\min}} \leqslant \kappa \leqslant \frac{1}{r_{\min}} \tag{5.14}$$

$$\alpha_{\min} \leqslant \alpha \leqslant \alpha_{\max} \tag{5.15}$$

式中，$v_{\max}$ 为限制的最大速度，m/s；$v_{\min}$ 为限制的最小速度，m/s；$r_{\min}$ 为车辆的最小转弯半径，m；$\alpha_{\max}$ 为 α 的上限，s/m^2；$\alpha_{\min}$ 为 α 的下限，s/m^2。

5.1.5　模型求解

针对上述模型，本章将采用庞特里亚金最小值原理进行迭代求解。设 $\boldsymbol{U}^*$ 为使预测成本最小化的最优控制，如式（5.16）所示。设 C^* 为使用最优控制时车辆成本的函数，如式（5.17）所示：

$$\boldsymbol{U}^* = \arg\min C(\boldsymbol{X}, \boldsymbol{U}) \tag{5.16}$$

$$C^* = \min_U C(\boldsymbol{X}, \boldsymbol{U}) = C(\boldsymbol{X}, \boldsymbol{U}^*) \tag{5.17}$$

利用庞特里亚金最小值原理求解最优控制问题需要定义哈密顿量 $\mathcal{H}$，如式（5.18）所示，可转化为式（5.19）：

$$\mathcal{H}(s, \boldsymbol{X}, \boldsymbol{U}, \boldsymbol{\lambda}) = L(s, \boldsymbol{X}, \boldsymbol{U}) + \boldsymbol{\lambda}^{\mathrm{T}} f(s, \boldsymbol{X}, \boldsymbol{U}) \tag{5.18}$$

$$\mathcal{H} = \beta_1 p + \frac{1}{2}\beta_2 \kappa^2 p^{-4} + \frac{1}{2}\beta_3 \alpha^2 p^{-6} + \lambda_1 \cos\theta + \lambda_2 \sin\theta + \lambda_3 \kappa + \lambda_4 \alpha \tag{5.19}$$

式中，$\mathcal{H}$ 为哈密顿量；$\boldsymbol{\lambda}^{\mathrm{T}}$ 为 $\boldsymbol{\lambda}$ 的转置，表示状态 $\boldsymbol{X}$ 的边际成本，这些成本反映了由状态 $\boldsymbol{X}$ 变化 $\Delta\boldsymbol{X}$ 而引起的额外成本；λ_1 为对应状态向量中的 x；λ_2 为对应状态向量中的 y；λ_3 为对应状态向量中的 θ；λ_4 为对应状态向量中的 p。

利用哈密顿量，得到最优控制 $\boldsymbol{U}^*$ 的必要条件，如式（5.20）所示：

$$\mathcal{H}(s, \boldsymbol{X}, \boldsymbol{U}^*, \boldsymbol{\lambda}) \leqslant \mathcal{H}(s, \boldsymbol{X}, \boldsymbol{U}, \boldsymbol{\lambda}) \tag{5.20}$$

对式（5.8）的成本函数加入必要条件即式（5.20），可得到最优控制表达式即式（5.21）和式（5.22）：

$$\frac{\partial \mathcal{H}}{\partial \kappa} = 0 \Rightarrow \kappa = -\frac{\lambda_3 p^4}{\beta_2} \tag{5.21}$$

$$\frac{\partial \mathcal{H}}{\partial \alpha} = 0 \Rightarrow \alpha = -\frac{\lambda_4 p^6}{\beta_3} \tag{5.22}$$

针对 $\boldsymbol{\lambda}$，根据终端条件式（5.23），可得到动态函数式（5.24），进而推出具体的动态系统方程，如式（5.25）所示，以及横向条件，如式（5.26）所示：

$$\boldsymbol{\lambda}(s_f) = \frac{\partial K}{\partial \boldsymbol{X}}(s_f, \boldsymbol{X}_f) \tag{5.23}$$

$$-\frac{\mathrm{d}\boldsymbol{\lambda}}{\mathrm{d}s} = \frac{\partial \mathcal{H}}{\partial \boldsymbol{X}} = \frac{\partial L}{\partial \boldsymbol{X}} + \boldsymbol{\lambda}\frac{\partial f}{\partial \boldsymbol{X}} \tag{5.24}$$

$$\frac{\mathrm{d}\boldsymbol{\lambda}}{\mathrm{d}s} = \begin{cases} \dfrac{\mathrm{d}\lambda_1}{\mathrm{d}s} = -\dfrac{\partial \mathcal{H}}{\partial x} = 0 \\[2mm] \dfrac{\mathrm{d}\lambda_2}{\mathrm{d}s} = -\dfrac{\partial \mathcal{H}}{\partial y} = 0 \\[2mm] \dfrac{\mathrm{d}\lambda_3}{\mathrm{d}s} = -\dfrac{\partial \mathcal{H}}{\partial \theta} = \lambda_1 \sin\theta - \lambda_2 \cos\theta \\[2mm] \dfrac{\mathrm{d}\lambda_4}{\mathrm{d}s} = -\dfrac{\partial \mathcal{H}}{\partial p} = -\beta_1 + 2\beta_2 \kappa^2 p^{-5} + 3\beta_3 \alpha^2 p^{-7} \end{cases} \tag{5.25}$$

$$\boldsymbol{\lambda}(s_f) = \begin{cases} \lambda_1(s_f) = \dfrac{\partial K}{\partial x} = b(x_f - x_D) \\[2mm] \lambda_2(s_f) = \dfrac{\partial K}{\partial y} = b(y_f - y_D) \\[2mm] \lambda_3(s_f) = \dfrac{\partial K}{\partial \theta} = b(\theta_f - \theta_D) \\[2mm] \lambda_4(s_f) = \dfrac{\partial K}{\partial p} = 0 \end{cases} \tag{5.26}$$

利用迭代数值算法求解上述模型，主要流程如下。

（1）初始化。输入初始状态和终端状态（$\boldsymbol{X}_0$, $\boldsymbol{X}_D$），设置调整因子为 $\gamma = 0.999$，设置初始迭代次数为 $n = 1$，初始共态为 $\boldsymbol{\Lambda}^0 = 0$，设置控制步长。

（2）根据式（5.2）、式（5.4）、式（5.21）、式（5.22）求解动态系统方程。

（3）根据式（5.23）、式（5.24）对动态系统方程进行推导。

（4）根据式（5.27）更新共态 $\boldsymbol{\Lambda}$：

$$\boldsymbol{\Lambda}^n = \gamma \boldsymbol{\Lambda}^{n-1} + (1 - \gamma \boldsymbol{\lambda}^n) \tag{5.27}$$

（5）迭代停止标准。若前后共态差小于阈值 ξ（取 0.1），如式（5.28）所示，则迭代停止，否则，设置 $n = n+1$，返回步骤（2）。

$$\|\boldsymbol{\Lambda}^n - \boldsymbol{\lambda}^n\| < \xi \tag{5.28}$$

5.2　参数拟合方法

5.2.1　驾驶员行为参数介绍

通行轨迹模型能够真实模拟驾驶员的驾驶行为（包括转动方向盘、踩制动踏板和踩加速踏板）。模型中驾驶员行为参数由 β_1、β_2 和 β_3 体现。其中，β_1 为时间成本的相对权重，可以反映驾驶员对于时间成本的重视程度，β_2 和 β_3 分别为横向加减速成本和纵向加减速成本的相对权重，可以反映驾驶员对于舒适度的重视程度，这三个参数可以用于描述驾驶员行为，需要对其进行标定。

5.2.2　驾驶员行为参数标定

需要标定的参数为运行成本的相对权重 β_1、β_2、β_3。因为三者是相对权重，不失一般性，可将 β_1 设置为 1，通过改变 β_2、β_3 来调节三者之间的相对权重。具体标定流程如下。

（1）设置初始值。导入实际车辆轨迹数据，利用实际车辆轨迹数据确定初始状态参数 $[x_0, y_0, \theta_0, p_0]^T$ 和终端状态参数 $[x_D, y_D, \theta_D]^T$，加速度范围为 $-5 \sim 5\mathrm{m/s}^2$，最小转弯半径取 5m。

（2）规划最优轨迹。利用通行轨迹模型根据设定的驾驶员参数来规划轨迹。

（3）适应度计算。计算规划轨迹与实际轨迹对应点的误差平均值 f：

$$f = \frac{\sum\limits_{i=1}^{n} \sqrt{(x_i - x_{0i})^2 + (y_i - y_{0i})^2}}{n} \tag{5.29}$$

式中，(x_i, y_i) 为规划轨迹坐标点；(x_{0i}, y_{0i}) 为实际轨迹的坐标点；n 为坐标点的个数。

（4）迭代条件。比较前后两次迭代的适应度 f，利用序列二次规划算法寻找下一组 β_2、β_3 的值，回到第（2）步。

（5）终止条件。直到前后两次迭代的适应度之差小于 ξ（设为 0.001）时，迭代停止。

$$|f - f_m| \leqslant \xi \tag{5.30}$$

（6）结果输出。

以图 5.2 为例, 图中实线为实际轨迹, 虚线为规划轨迹。直观地, 规划轨迹较好地拟合了实际轨迹, 此时得到的 β_2 和 β_3 分别为 0.022 和 0.026。从数值上看, 规划轨迹与实际轨迹之间的平均误差为 0.225m, 误差较小。

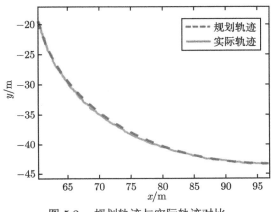

图 5.2　规划轨迹与实际轨迹对比

选取扬泰路-镇泰路交叉口、友谊路-铁力路交叉口、祖冲之路-高斯路交叉口和桃林路-灵山路交叉口的 400 辆车的实际轨迹数据进行标定, 得到 400 组驾驶员行为参数, 平均误差为 0.67m。对这 400 组驾驶员行为参数进行相关性分析, 得到表 5.1。通过多元方差分析发现, 不同交叉口与驾驶员行为参数差异性不显著, 转向对于 β_2 的差异性不显著, 而对于 β_3 表现出显著的差异性。因此, 进一步分析转向对驾驶员行为参数的影响, 得到表 5.2。分析发现, 对于 β_2, 转向之间没有显著的差异性; 对于 β_3, 左转和直行、右转和直行之间差异性明显。

表 5.1　交叉口与转向对于驾驶行为参数差异性检验结果

参数	因变数	均方差	F	显著性
转向	β_2	0.248	0.928	0.396
	β_3	0.482	3.035	0.049
交叉口	β_2	0.224	0.838	0.474
	β_3	0.055	0.344	0.794
转向与交叉口	β_2	0.072	0.270	0.951
	β_3	0.974	6.136	0.000
误差	β_2	0.267	—	—
	β_3	0.159	—	—

综上, 驾驶员行为参数在不同交叉口中没有区别, 而受转向影响, 对于 β_3, 左右转与直行差异性明显, 左右转差异性不大。因此, 可以将不同交叉口的驾驶员行为参数合并分析, 对于 β_3 可进一步将其分为左右转、直行两类进行分析。

表 5.2   转向与驾驶员行为参数差异性分析

流向 1	流向 2	均值差值	标准误差	显著性
		β_2		
左转	直行	0.108	0.066	0.104
右转	左转	0.039	0.076	0.612
直行	右转	0.069	0.062	0.269
		β_3		
左转	直行	-0.141	0.051	0.006
右转	左转	-0.037	0.058	0.526
直行	右转	-0.104	0.048	0.031

5.2.3   模型参数取值

驾驶员行为参数取值方法目前主要有边际分布法和多变量分布法。本节将在此基础上提出一种基于聚类的多变量分布法,通过比较该方法与边际分布法和多变量分布法的模拟结果,验证该方法对交叉口车流离散度的描述性和适应性。

1. 边际分布法

边际分布法是对驾驶员行为参数集中的 β_2 和 β_3 参数进行统计,得到两个参数的边际分布。与固定值法相比,边际分布法能够体现不同驾驶员的行为特性。常用的分布主要有正态分布、指数分布、伽马分布和 Logistic 分布。

正态分布的密度函数可表示为式(5.31):

$$f(x) = \frac{1}{\sqrt{2\pi}\sigma} \exp\left(-\frac{(x-\mu)^2}{2\sigma^2}\right) \tag{5.31}$$

指数分布的密度函数可表示为式(5.32):

$$f(x) = \begin{cases} \lambda e^{-\lambda x}, & x > 0 \\ 0, & x \leqslant 0 \end{cases} \tag{5.32}$$

伽马分布的密度函数可表示为式(5.33):

$$f(x, \beta, \alpha) = \frac{\beta^\alpha}{\Gamma(\alpha)} x^{\alpha-1} e^{-\beta x}, \quad x > 0 \tag{5.33}$$

Logistic 分布的密度函数可表示为式(5.34):

$$f(x) = \frac{1}{\sigma} e^{-\frac{x-\mu}{\sigma}} \left[1 + \exp\left(-\frac{x-\mu}{\sigma}\right)\right]^{-2} \tag{5.34}$$

通过 5.2.2 节的驾驶员行为参数相关性分析可知,对于 β_3 可进一步将其分为左右转、直行两类进行分析。因此,将参数标定得到的 400 组数据以 β_2、β_3 直行

参数和 β_3 左右转参数三类分别统计，选取上述四种常用分布对其进行拟合，得到图 5.3~图 5.5，并确定最合适的分布。拟合结果如表 5.3 所示，可以看出，各拟合结果中指数分布的标准误差最小，因此，在边际分布法中，本章采用一元指数分布进行拟合。

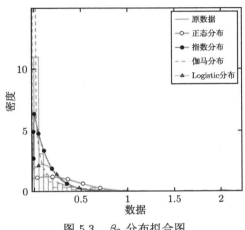

图 5.3 β_2 分布拟合图

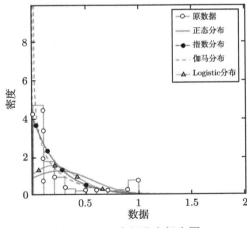

图 5.4 β_3 直行分布拟合图

2. 多变量分布法

Kim 和 Mahmassani 通过定性分析和模拟分析证实了参数之间是有相关性的，如果单纯地用边际分布法会忽略这种相关性，产生不可预测的后果，因此他们提出了一种多变量分布模型，来体现这种参数相关性[67]。通过皮尔逊相关性分析发现，本章中的 β_2 和 β_3 具有相关性，如表 5.4 所示。

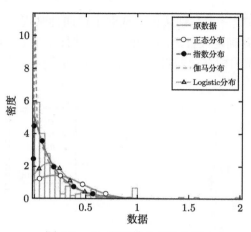

图 5.5　β_3 左右转分布拟合图

表 5.3　参数拟合情况

参数	分布	最大似然估计值	参数 1	标准误差	参数 2	标准误差
	正态分布	−302.061	0.201	0.026	0.516	0.018
β_2	**指数分布**	**242.64**	**0.201**	**0.010**	**—**	**—**
	伽马分布	486.011	0.347	0.020	0.578	0.059
	Logistic 分布	−112.578	0.104	0.012	0.151	0.007
	正态分布	−29.998	0.196	0.019	0.279	0.014
β_3直行	**指数分布**	**133.858**	**0.196**	**0.013**	**—**	**—**
	伽马分布	137.11	0.813	0.068	0.241	0.027
	Logistic 分布	16.798	0.141	0.013	0.113	0.007
	正态分布	−144.012	0.317	0.038	0.524	0.027
β_3左右转	**指数分布**	**27.639**	**0.317**	**0.023**	**—**	**—**
	伽马分布	47.753	0.599	0.052	0.529	0.068
	Logistic 分布	−98.335	0.221	0.026	0.213	0.014

表 5.4　β_2 和 β_3 相关性分析

皮尔逊相关性	显著性（双尾）	平方和与叉积	协方差
0.120	0.016	10.312	0.026

　　由于边际分布法中本章采用的是一元指数分布进行拟合，且 β_2 和 β_3 具有相关性，因此本节将采用二元指数分布进行拟合。关于二元指数分布，前人已经做了很多研究，包括 Gumbel[68]、Freund[69]、Marshall 和 Olkin[70]、Block 和 Basu[71]、Downton[72] 的指数分布研究。本章采用 Balakrishna 和 Shiji[73] 提出的二元指数分布，两个分量 X 和 Y 用乘积和幂的形式联系在一起。其模型简述如下。

　　若边际随机变量 X 和 Y 都满足指数分布，则（X，Y）有一个特定的二元指数分布。设 FX（·）和 FY（·）分别是 X 和 Y 的分布函数，并定义式（5.35）：

$$Y = X^{\alpha}Z, \quad 0 < \alpha < 1 \tag{5.35}$$

式中，Z 为非负随机变量，与 X 无关；α 为 X、Y 的相关系数。

其联合概率密度函数可表示为

$$f(x,y) = (\beta\sqrt{\lambda}/\sqrt{\pi x}) \exp\left(-\lambda x - \frac{\beta^2 y^2}{4\lambda x}\right), \quad x > 0, y > 0 \tag{5.36}$$

对于相关系数是负值的情况，可用对偶变量的方法定义负相关的二元指数分布，则相关系数表达式变为

$$\rho_{XY} = (1/\Gamma(\alpha+1)) \int_0^1 ((-\lg u)(-\lg(1-u))^{\alpha})\mathrm{d}u - 1 \tag{5.37}$$

利用二元指数分布拟合得到参数的最大似然估计值如表 5.5 所示。

表 5.5　二元指数分布参数拟合结果

流向	$\hat{\alpha}$	$\hat{\beta}$	$\hat{\lambda}$
左右转	0.264	4.134	8.281
直行	0.056	5.265	5.531

3. 基于聚类的多变量分布法

本节提出先采用聚类方法将驾驶员分类，再通过多变量分布法拟合每一类驾驶员行为参数。相较于将驾驶员归为同一类，根据驾驶员特性将其分为多种类别在逻辑上更为合理。本节采用 K-均值聚类算法（K-means 聚类算法）。

在使用 K-means 聚类算法之前，要确定 k 值。为了找到最合适的 k 值，先分析 k 与 d 之间的关系，如图 5.6 所示，其中 d 为所有点到该类质心点之间的距离和的平均值。聚类结果表明，当聚类数等于 3 时，已能达到较好的划分效果，所以将聚类数取为 3。

K-means 聚类遵循一个迭代过程，以最小化目标函数成本。这种迭代过程容易受到局部最优的影响，也就是说，同样的数据可能会出现不同的聚类结果，因此本节通过重复 10 次算法，选择目标函数成本最小的一次结果作为最终的分类结果[74]，如图 5.7 所示。由于 β_3 直行与左右转差异性明显，因此需要将直行、左右转分别进行讨论，如表 5.6 所示，对于直行车辆，各点到聚类中心的平均距离为 0.079；对于左右转车辆，各点到聚类中心的平均距离为 0.021。

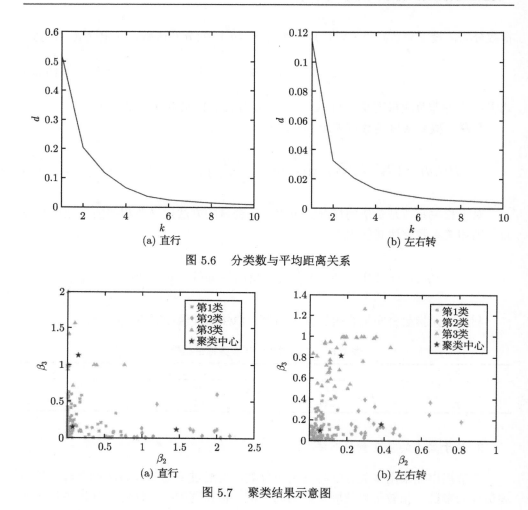

图 5.6　分类数与平均距离关系

图 5.7　聚类结果示意图

表 5.6　直行聚类中心结果统计表

聚类中心	直行		左右转	
	$[\beta_2, \beta_3]$	占比	$[\beta_2, \beta_3]$	占比
1	[0.07, 0.12]	0.829	[0.06, 0.10]	0.667
2	[1.46, 0.11]	0.076	[0.38, 0.15]	0.133
3	[0.11, 0.91]	0.095	[0.17, 0.82]	0.200

　　通过上述聚类分析，将驾驶员分为 3 类。但现实中，每个驾驶员的驾驶行为都是不同的，即使是同一类的驾驶员，其驾驶行为也会有细微的差别，因此需要进一步将每一类参数组合进行多变量分布拟合，以更精准地捕捉驾驶员的行为差异。

　　由于聚类后，每一类的点都比较集中，而且范围较小，可采用二元均匀分布对每一类进行拟合。设随机向量为 $(\boldsymbol{B}_2, \boldsymbol{B}_3)$，则均匀分布密度函数如式（5.38）所示。拟合结果如表 5.7 所示。

$$f(\beta_2, \beta_3) = \begin{cases} \dfrac{c}{S_G}, & (\beta_2, \beta_3) \in G \\ 0, & \text{其他} \end{cases} \tag{5.38}$$

式中，G 为平面上的有界区域，其面积为 S_G；c 为各类驾驶员出现的概率，即表 5.6 中的各类占比。

表 5.7　各流向分布情况

类别	直行		左右转	
	S_G	G	S_G	G
1	0.36	$\beta_2 \in [0.001, 0.72]$; $\beta_3 \in [0.001, 0.5]$	0.08	$\beta_2 \in [0.003, 0.18]$; $\beta_3 \in [0.005, 0.43]$
2	0.83	$\beta_2 \in [0.78, 2.17]$; $\beta_3 \in [0.006, 0.6]$	0.21	$\beta_2 \in [0.23, 0.81]$; $\beta_3 \in [0.03, 0.39]$
3	1.12	$\beta_2 \in [0.001, 0.76]$; $\beta_3 \in [0.53, 2]$	0.32	$\beta_2 \in [0.02, 0.43]$; $\beta_3 \in [0.5, 1.27]$

5.3　模型验证

本节将从单车和车流两部分进行模型仿真验证。针对单车模拟验证，通过列举交叉口中常见的车辆运动情况来验证模型的描述力；通过分析不同情况下的参数变化情况来验证模型的合理性；通过实际数据仿真对比验证模型的准确性。针对车流模拟验证，采用一元指数分布法、二元指数分布法和基于聚类的均匀分布法三种参数取值方法分别进行模拟，通过轨迹重合度评价不同取值方法的准确性。

5.3.1　单车模拟验证

1. 描述力验证

为了验证所建模型的描述力，本节将模拟交叉口常见的车辆移动情景，包括交叉口中的掉头、不同角度的左右转和直行。表 5.8 罗列出了交叉口中常见车辆移动情况。表 5.9 给出了其他参数设置的情况。测试结果如图 5.8 所示，结果表明，所建模型能够在所有测试情景中产生最优控制结果。

2. 合理性验证

为了方便解释，本节将以场景 3 西进口左转为例，分别分析运行轨迹、转向角、速度的合理性。为了分析合理性，共设置 6 种情况，通过改变三类成本的相对权重来反映驾驶员行为特性，各情况下的参数设置如表 5.10 所示。

表 5.8　测试场景

场景	流向	初始状态	终端状态	场景	流向	初始状态	终端状态
1	掉头	$[0, 0, 0, 1/8]$	$[0, 10, \pi]$	23	掉头	$[0, 0, 1/2\pi, 1/8]$	$[-10, 0, -1/2\pi]$
2	左转		$[5, 10, 3/4\pi]$	24	左转		$[-10, 5, -3/4\pi]$
3	左转		$[10, 10, 1/2\pi]$	25	左转		$[-10, 10, \pi]$
4	左转		$[10, 6, 1/4\pi]$	26	左转		$[-6, 10, 3/4\pi]$
5	直行		$[10, 2, 0]$	27	直行		$[-2, 10, 1/2\pi]$
6	直行		$[10, 0, 0]$	28	直行		$[0, 10, 1/2\pi]$
7	直行		$[10, -2, 0]$	29	直行		$[2, 10, 1/2\pi]$
8	右转		$[10, -6, -1/4\pi]$	30	右转		$[6, 10, 1/4\pi]$
9	右转		$[10, -10, -1/2\pi]$	31	右转		$[10, 10, 0]$
10	右转		$[5, -10, -3/4\pi]$	32	右转		$[10, 5, -1/4\pi]$
11	右转		$[0, -10, \pi]$	33	右转		$[10, 0, -1/2\pi]$
12	掉头	$[0, 0, \pi, 1/8]$	$[0, -10, 0]$	34	掉头	$[0, 0, -1/2\pi, 1/8]$	$[10, 0, 1/2\pi]$
13	左转		$[-5, -10, -1/4\pi]$	35	左转		$[10, -5, 1/4\pi]$
14	左转		$[-10, -10, -1/2\pi]$	36	左转		$[10, -10, 0]$
15	左转		$[-10, -6, -3/4\pi]$	37	左转		$[6, -10, -1/4\pi]$
16	直行		$[-10, -2, \pi]$	38	直行		$[2, -10, -1/2\pi]$
17	直行		$[-10, 0, \pi]$	39	直行		$[0, -10, -1/2\pi]$
18	直行		$[-10, 2, \pi]$	40	直行		$[-2, -10, -1/2\pi]$
19	右转		$[-10, 6, 3/4\pi]$	41	右转		$[-6, -10, -3/4\pi]$
20	右转		$[-10, 10, 1/2\pi]$	42	右转		$[-10, -10, \pi]$
21	右转		$[-5, 10, 1/4\pi]$	43	右转		$[-10, -5, 3/4\pi]$
22	右转		$[0, 10, 0]$	44	右转		$[-10, 0, 1/2\pi]$

表 5.9　模型描述力验证参数设置

参数	取值
速度的上限，$v_{\max}$	12m/s
速度的下限，$v_{\min}$	5m/s
最小转弯半径，$r_{\min}$	4m
表示加速度的参数 α 的上限，$\alpha_{\max}$	0.01s/m^2
表示加速度的参数 α 的下限，$\alpha_{\min}$	-0.01s/m^2
终端成本的权重，b	100
运行成本的权重，$\beta_1, \beta_2, \beta_3$	1, 0.001, 0.01
控制步长	0.1m
算法停止阈值	0.1

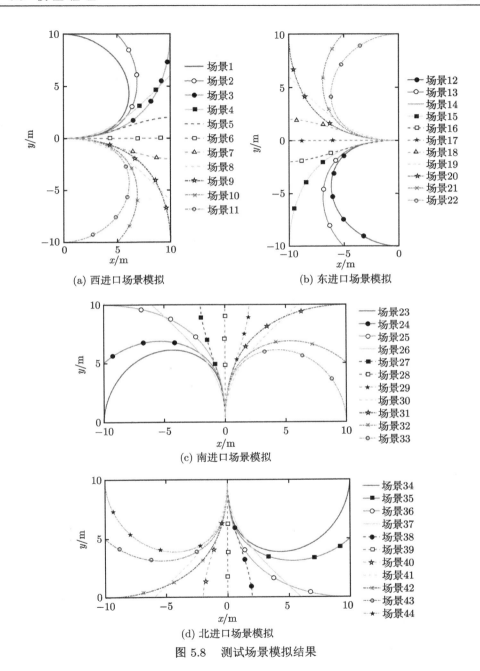

(a) 西进口场景模拟

(b) 东进口场景模拟

(c) 南进口场景模拟

(d) 北进口场景模拟

图 5.8 测试场景模拟结果

对于运行轨迹, 如图 5.9 所示, 当行驶时间成本权重为 0 时, 表示驾驶员不在意时间成本, 只在意驾驶平稳性, 此时得到一条圆滑的轨迹曲线, 称为最平稳轨迹; 当平稳运行成本相对权重为 0 时, 表示驾驶员不在意驾驶平稳性, 只在意时间成本，此时得到一条相对笔直的轨迹曲线，称为最快轨迹。车辆的轨迹总是在最快轨迹和最平稳轨迹的范围内，且随着行驶时间成本的增加，运行轨迹更靠近最快轨迹，同时，车辆行驶路程随着行驶时间成本权重的增加而减少，这是因为当行驶时间成本权重增加时，驾驶员倾向于选择最快轨迹，当平稳运行成本权重增加时，驾驶员倾向于选择最平稳轨迹。

表 5.10　模型描述力验证参数设置

情况	β_1	β_2	β_3
1	0	0.001	0.01
2	0.5	0.001	0.01
3	1	0.001	0.01
4	5	0.001	0.01
5	10	0.001	0.01
6	1	0	0

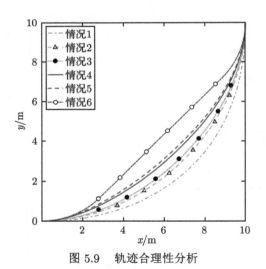

图 5.9　轨迹合理性分析

对于转向角，随着平稳运行成本相对权重的增加，转向角的变化变得更加均匀，如图 5.10 所示的情况 1 的斜率变化不大，这表示转向角的变化较为均匀，这符合最平稳轨迹的定义。情况 6 是最快轨迹，它由折线组成，表示车辆先急转弯，再直行，再急转弯的驾驶行为，与最快轨迹一致。

对于速度，这里用速度的倒数 p 来表征速度的变化情况，如图 5.11 所示。最快轨迹的 p 值变化最为显著，表示驾驶员以最大加速度加速，达到速度上限后以最大速度行驶，符合最快轨迹的特点。对于最平稳轨迹，驾驶员几乎以相同的速度行驶，没有明显的加速或减速，符合最平稳轨迹的特点。对于其他轨迹，运行速度的变化情况取决于行驶时间成本和平稳运行成本之间的相对权重。

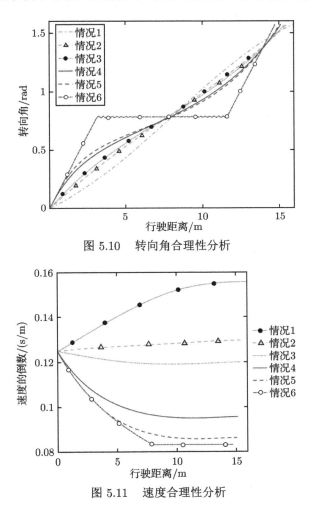

图 5.10 转向角合理性分析

图 5.11 速度合理性分析

上述分析充分证明了所提出模型的合理性,在不同运行成本的相对权重下,车辆轨迹在最快轨迹和最平稳轨迹的范围内变化。

3. 准确性验证

本章所建立的模型是用来描述实际车辆运行情况的。因此,用实际车辆数据来验证模型的准确性最为合适。本节先选取友谊路-铁力路交叉口和祖冲之路-高斯路交叉口中的 40 辆车的数据对模型参数进行标定,再选取扬泰路-镇泰路交叉口的 20 辆车的数据对模型进行验证。模型准确性指标为时间步长轨迹的均方根误差(root mean square error, RMSE)。由于采集数据的时间步长为 1/24s,因此模型生成的轨迹与实际轨迹之间的误差为每 1/24s 的生成轨迹与实际轨迹之间的欧氏距离，如图 5.12 所示。

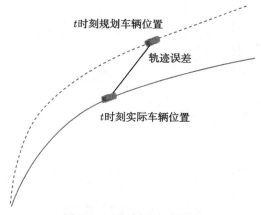

图 5.12　轨迹误差示意图

按照 5.2.2 节的方法对 40 辆车进行参数标定，结果见表 5.11。由表 5.11 可知，所有标定车辆的 RMSE 均小于 2m。轨迹的平均 RMSE 为 0.923m，这意味着每次生成的轨迹与实际轨迹之间的距离误差大约为 1m。这说明在只考虑初始状态和终端状态的条件下，通过调整各成本的相对权重，能够很好地描述实际轨迹。结果表明，该模型在描述人工驾驶车辆轨迹方面有很高的准确性。

表 5.11　参数标定结果

左转				直行			
车辆编号	β_2	β_3	RMSE/m	车辆编号	β_2	β_3	RMSE/m
1	0.068	0.087	1.749	18	0.030	0.028	0.543
2	0.070	0.105	1.711	19	0.040	0.034	1.475
3	0.020	0.070	0.969	20	0.015	0.002	1.461
4	0.026	0.031	1.749	21	0.021	0.129	0.494
5	0.047	0.049	1.833	22	0.027	0.032	0.616
6	0.023	0.071	1.043	23	0.009	0.013	0.340
7	0.017	0.031	1.703	24	0.015	0.052	0.471
8	0.054	0.052	1.707	25	0.019	0.075	0.517
9	0.015	0.013	1.152	26	0.006	0.026	0.371
10	0.037	0.064	1.559	27	0.045	0.045	0.439
11	0.026	0.048	0.675	28	0.008	0.019	0.449
12	0.045	0.049	1.926	29	0.033	0.064	0.548
13	0.008	0.076	1.552	30	0.005	0.005	0.708
14	0.027	0.016	1.022	31	0.020	0.050	0.463
15	0.010	0.045	0.694	32	0.003	0.059	0.404
16	0.033	0.039	1.981	33	0.032	0.025	0.267
17	0.049	0.079	1.108	34	0.024	0.024	0.344

左转				直行			
车辆编号	β_2	β_3	RMSE/m	车辆编号	β_2	β_3	RMSE/m
35	0.005	0.009	0.522	38	0.005	0.040	0.354
36	0.012	0.028	0.323	39	0.007	0.032	0.549
37	0.049	0.014	0.684	40	0.004	0.081	0.442

5.3.2　车流模拟验证

采用扬泰路-镇泰路交叉口、友谊路-铁力路交叉口、祖冲之路-高斯路交叉口、桃林路-灵山路交叉口的数据来检验各种模型参数取值方法对通行轨迹离散性描述的准确性。采用高科西路-张东路交叉口的数据来检验各种模型参数取值方法对新交叉口通行轨迹离散性描述的准确性，以每辆车的起始状态数据和终端状态数据作为轨迹模拟的起始状态与终端状态输入，速度的上下限以实际数据的上下限为标准，加速度上限设置为 $5\mathrm{m/s}^2$，下限设置为 $-5\mathrm{m/s}^2$，最小转弯半径设置为 5m，驾驶行为参数按照 5.2.3 节的三种方法输入，分别模拟高科西路-张东路交叉口的直行车流和左右转车流的轨迹。

1. 评价指标

采用轨迹重合度指标来表征模拟结果与现实的吻合程度。轨迹重合度具体通过以下方法计算,将交叉口内部区域划分为多个单元格，每个单元格大小为 0.5m×0.5m，计算车辆所占据的单元格并记为 1 次。计算每个单元格模拟车辆的出现次数与实际车辆的出现次数的差与实际车辆出现次数的比值，再求平均值来计算轨迹重合度。用 m_{ij} 来表示第 i 行第 j 列单元格中模拟车辆出现的次数，n_{ij} 来表示第 i 行第 j 列单元格中实际车辆出现的次数，I 为单元格的行数，J 为单元格的列数，则单个单元格的重合度 p_{ij} 可表示为

$$\begin{cases} p_{ij} = 1, & n_{ij} = 0, m_{ij} = 0 \\ p_{ij} = 0, & n_{ij} = 0, m_{ij} > 0 \\ p_{ij} = 0, & n_{ij} > 0, m_{ij} = 0 \\ p_{ij} = \dfrac{\min(m_{ij}, n_{ij})}{\max(m_{ij}, n_{ij})}, & n_{ij} > 0, m_{ij} > 0 \end{cases} \tag{5.39}$$

p_{ij} 的取值范围为 [0,1]，因此当实际轨迹和模拟轨迹同时出现在单元格中时，我们定义出现次数较少的作为分子，较大的作为分母。则轨迹重合度 $\bar{p}$ 可由式（5.40）表示。由定义可知，轨迹重合度 $\bar{p}$ 值越大，说明模拟结果越好。

$$\bar{p} = \frac{1}{IJ} \sum_{i=1}^{I} \sum_{j=1}^{J} p_{ij} \tag{5.40}$$

2. 参与标定交叉口模拟验证

为了检验模型的适应度，先对参与参数标定的四个交叉口的直行和左右转车流进行检验，再选取未参与参数标定的新交叉口的直行和左右转车流进行检验。

将模拟轨迹与真实轨迹进行对比，通过计算轨迹重合度来检验模拟结果。从表 5.12 可以看出，聚类均匀分布法与一元指数分布法和二元指数分布法相比，模拟效果最好，轨迹重合度最高。在直行车流模拟中，各方法的模拟结果相差不大且均较好，聚类均匀分布法得到的轨迹重合度最小为 0.971，最大为 0.982。在左右转车流模拟中，聚类均匀分布法表现出了明显的优势，聚类均匀分布法得到的轨迹重合度最小为 0.901，最大为 0.949。从直行车流和左右转车流的模拟验证中可以看出，聚类均匀分布法能够较好地描述交叉口车辆轨迹离散情况（各交叉口模拟结果见图 5.13～ 图 5.20）。图中颜色条表示轨迹重合度值，颜色越浅，说明轨迹重合度越高。

表 5.12   轨迹重合度结果

交叉口	左右转			直行		
	一元指数 分布法	二元指数 分布法	聚类均匀 分布法	一元指数 分布法	二元指数 分布法	聚类均匀 分布法
扬泰路–镇泰路 交叉口	0.840	0.893	0.901	0.969	0.971	0.971
友谊路–铁力路 交叉口	0.877	0.929	0.949	0.972	0.982	0.982
祖冲之路–高斯 路交叉口	0.852	0.909	0.921	0.972	0.974	0.974
桃林路–灵山路 交叉口	0.862	0.909	0.914	0.970	0.973	0.974

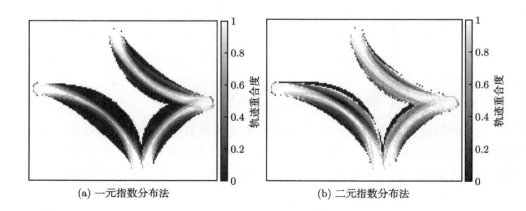

(a) 一元指数分布法   (b) 二元指数分布法

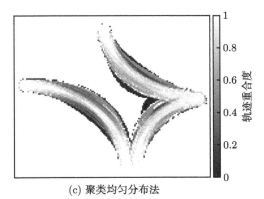

(c) 聚类均匀分布法

图 5.13　扬泰路-镇泰路交叉口转向车流模拟轨迹重合度对比图

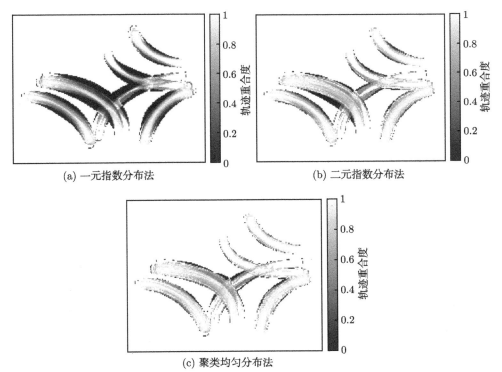

(a) 一元指数分布法　　　　　　　　　(b) 二元指数分布法

(c) 聚类均匀分布法

图 5.14　友谊路-铁力路交叉口转向车流模拟轨迹重合度对比图

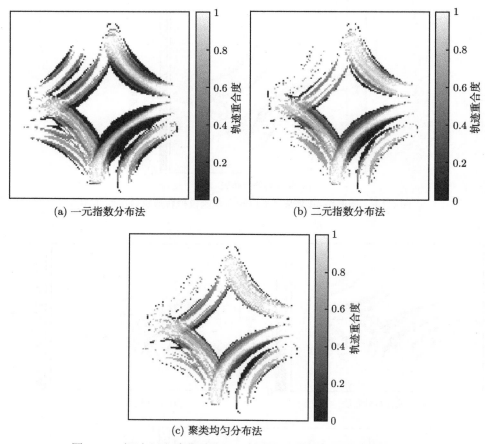

(a) 一元指数分布法　　(b) 二元指数分布法

(c) 聚类均匀分布法

图 5.15　祖冲之路-高斯路交叉口转向车流模拟轨迹重合度对比图

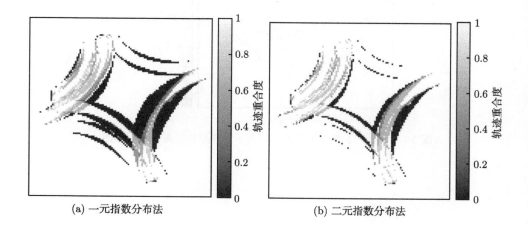

(a) 一元指数分布法　　(b) 二元指数分布法

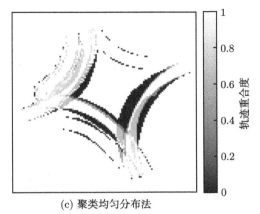

(c) 聚类均匀分布法

图 5.16 桃林路-灵山路交叉口转向车流模拟轨迹重合度对比图

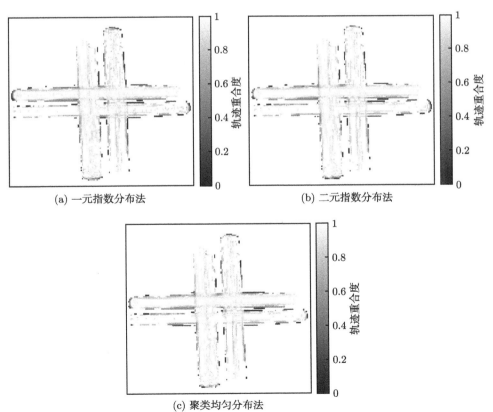

(a) 一元指数分布法

(b) 二元指数分布法

(c) 聚类均匀分布法

图 5.17 扬泰路-镇泰路交叉口直行车流模拟轨迹重合度对比图

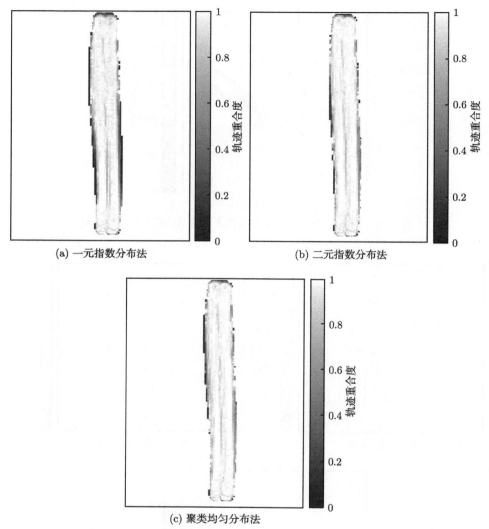

(a) 一元指数分布法

(b) 二元指数分布法

(c) 聚类均匀分布法

图 5.18   友谊路-铁力路交叉口直行车流模拟轨迹重合度对比图

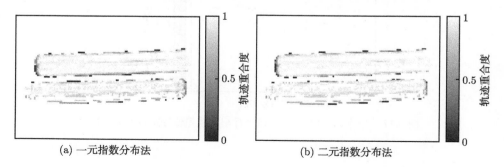

(a) 一元指数分布法

(b) 二元指数分布法

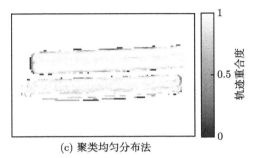

(c) 聚类均匀分布法

图 5.19 祖冲之路-高斯路交叉口直行车流模拟轨迹重合度对比图

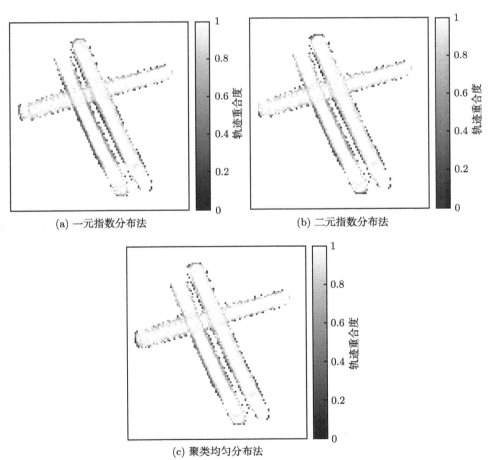

(a) 一元指数分布法   (b) 二元指数分布法

(c) 聚类均匀分布法

图 5.20 桃林路-灵山路交叉口直行车流模拟轨迹重合度对比图

3. 新交叉口模拟验证

为了验证模型的适应性，我们选取高科西路-张东路交叉口的直行和左右转车流进行模拟验证。从高科西路-张东路交叉口左右转车流模拟结果可以看出，在一个没有参与标定的交叉口，本节提出的聚类均匀分布法对于转向车流轨迹模拟的重合度同样最高（表 5.13），能较好地体现转向车流的轨迹离散现象（图 5.21）。

表 5.13　　高科西路-张东路交叉口车流模拟轨迹重合度

指标	左右转			直行		
	一元指数分布法	二元指数分布法	聚类均匀分布法	一元指数分布法	二元指数分布法	聚类均匀分布法
轨迹重合度	0.817	0.873	0.885	0.977	0.977	0.977

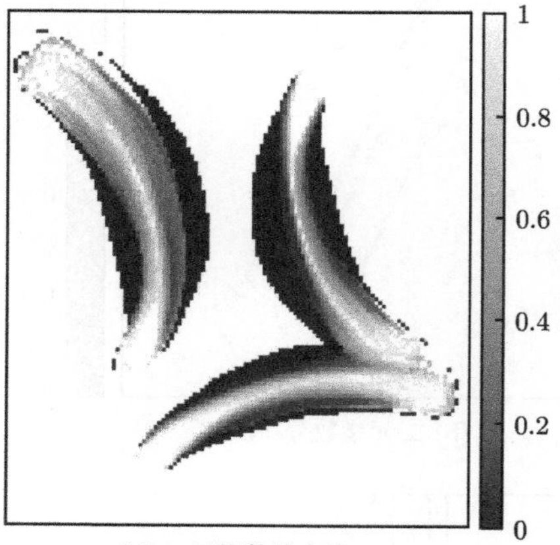

(a) 一元指数分布法

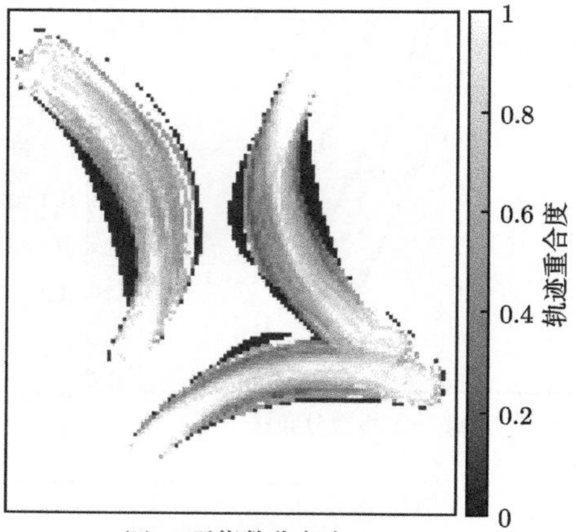

(b) 二元指数分布法

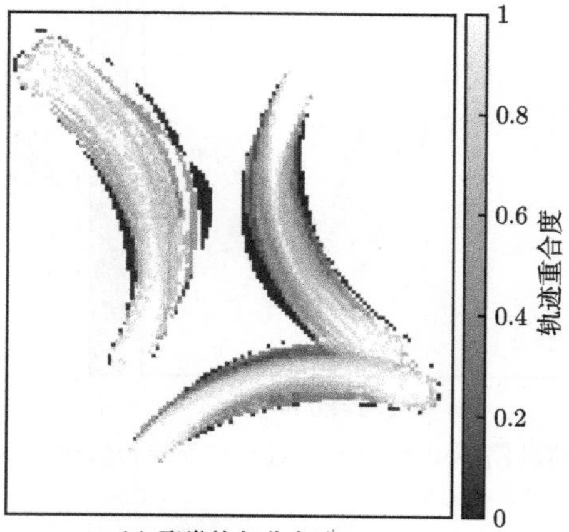

(c) 聚类均匀分布法

图 5.21　高科西路-张东路交叉口转向车流模拟轨迹重合度对比图

对于直行车流，各方法的轨迹重合度都很高，没有显著差异（图 5.22）。

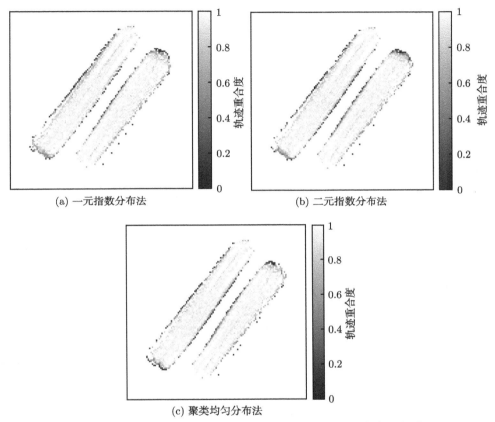

(a) 一元指数分布法

(b) 二元指数分布法

(c) 聚类均匀分布法

图 5.22　高科西路-张东路交叉口直行车流模拟轨迹重合度对比图

从模拟结果可以看出，利用基于聚类的多变量分布法选取驾驶员行为参数，无论模拟现有交叉口还是新交叉口，结果都是最好的。与传统的边际分布法和多变量分布法相比，基于聚类的多变量分布法能够较好地描述交叉口车流的实际情况，并且具有较强的适应性。

从不同流向来看，与左右转车流相比，直行车流的模拟效果较为稳定，这是可以理解的。从驾驶行为来看，直行车辆的角度变化不大，主要进行加减速操作，因此，轨迹可覆盖范围较小，行驶路线的可选择性不多。对于左右转车辆，角度变化很大，要同时进行转向操作和加减速操作，因此，轨迹可覆盖范围相对较大，行驶路线的可选择性较多。

5.4　本 章 小 结

本章建立了一个基于最优化的交叉口二维车辆运动轨迹模型，描述驾驶员转动方向盘、踩制动踏板和踩加速踏板等驾驶行为，考虑不同运行成本，通过调整不同运行成本的相对权重来表现驾驶员的偏好，生成车辆运动轨迹。通过创建不同测试场景来验证模型的描述能力；通过分析不同情况下运行轨迹、转向角、速度的变化来验证模型的合理性；利用实际数据进行参数标定，分析 RMSE 来验证模型的准确性。结果表明，所建模型能够真实地反映单车的通行轨迹。

为了体现通行轨迹离散性，本章标定了 400 组驾驶员行为参数，并分析了不同交叉口和不同流向的驾驶员行为参数之间的相关性，得出驾驶员行为参数与交叉口类型无关，但与转向相关性明显。之后，利用边际分布法、多变量分布法和基于聚类的多变量分布法选取驾驶员行为参数，对参与标定的交叉口和新交叉口的直行车流和左右转车流分别进行多次模拟分析，通过比较整体轨迹重合度来检验模拟结果。结果表明，基于聚类的多变量分布法能够很好地描述交叉口车流的实际情况，并且具有较强的适应性。对于参与驾驶行为标定的交叉口，轨迹分布的重合度可达到 90％以上；对于未参与驾驶行为标定的新交叉口，轨迹分布的重合度也能达到 88.5％。基于聚类的多变量分布法相比以往的交通流参数拟合方法，其优势主要体现在对转向车流通行轨迹离散性的描述。对于直行车流，未见明显差异。

第6章　交叉口冲突交通流轨迹分布模拟

由于交叉口内部车道概念弱化，交通流轨迹离散性是交叉口内交通流运行的一个重要特征。因此，建立一个能够反映真实交叉口情况的冲突交通流轨迹离散性模型是很有必要的。本章先对交叉口轨迹离散性进行实证分析，再建立冲突交通流轨迹离散性模型，最后通过实际数据验证模型的准确性。

6.1　轨迹离散性分析

本章研究将用到扬泰路-镇泰路交叉口、友谊路-铁力路交叉口、昌邑路-源深路交叉口、祖冲之路-高斯路交叉口、桃林路-灵山路交叉口和高科中路-张东路交叉口的轨迹资料，为了便于表述，将上述交叉口依次编号为1号、2号、3号、4号、5号、6号交叉口。具体情况见表6.1。

表 6.1　交叉口使用情况

交叉口	收集车辆数	
	左转	直行
扬泰路-镇泰路交叉口（1号）	66	107
友谊路-铁力路交叉口（2号）	22	41
昌邑路-源深路交叉口（3号）	18	78
祖冲之路-高斯路交叉口（4号）	18	32
桃林路-灵山路交叉口（5号）	16	26
高科中路-张东路交叉口（6号）	40	130

在建立冲突交通流轨迹离散性模型之前，要先验证轨迹的离散性。为了定量分析轨迹离散性，本章采用了两个指标：轨迹覆盖率（frequency of path coverage，FPC）和轨迹标准偏差（standard deviation，SD）。FPC可看作对于轨迹离散性的整体描述，SD可以定量地描述轨迹的离散性。下面将分别介绍两个指标的定义。

FPC可以直观地展示轨迹离散性。如图6.1所示，将交叉口划分为$1\text{m} \times 1\text{m}$的网格，每个网格的FPC可由式（6.1）计算：

$$\text{FPC}_l = \frac{N_l}{N}, \quad \forall l \in L \tag{6.1}$$

式中，FPC_l 为网格 l 上的轨迹覆盖率；N_l 为网格 l 上出现的车辆数，辆；N 为特定移动方向的车辆总数，辆；L 为所有网格的集合。

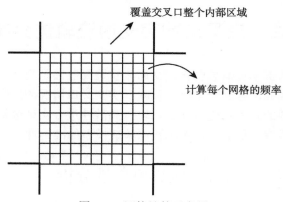

图 6.1   网格计算示意图

SD 是统计中离散度的一种度量，指分布的离散程度。本章定义 SD 为车辆轨迹的离散情况，由式（6.2）计算：

$$\text{SD} = \sqrt{\frac{1}{2\sum_{m=1}^{2} p_m} \sum_{m=1}^{2} \sum_{p=1}^{p_m} d_{mp}^2} \tag{6.2}$$

式中，SD 为轨迹的标准偏差，表明轨迹离散程度，m；d_{mp} 为轨迹上的点 p 与标准轨迹 m 之间的欧氏距离；p_m 为标准轨迹 m 上点的数量。

对于所有车辆轨迹，我们都有对应的实际轨迹数据，因此，对于标准轨迹，本章将以实际轨迹数据为基础，采用以下方法确定。选择起点和终点的中间位置作为标准轨迹的起、终点 A、B，并求得起、终点的平均转向角作为 A、B 点的转向角，在 A 点、B 点分别作其转向角的垂线，交于 O 点，将角 $\angle AOB$ 等分为50 份，求出每份的射线所在轨迹截面的轨迹中点（A，A_1，A_2，A_3，$\cdots$，B），连接各点，得到标准轨迹，如图 6.2 所示。

通过计算，得到实际数据的 FPC 值和 SD 值如图 6.3 所示。从图 6.3 中可以直观地看到，轨迹是离散的，这与驾驶行为、交通流模式、交叉口布局及交通管理和控制方案有关。实际轨迹的标准偏差平均值为 1.25m。

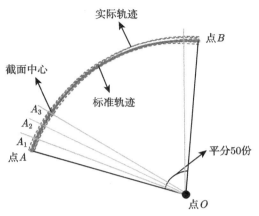

图 6.2　标准轨迹计算示意图

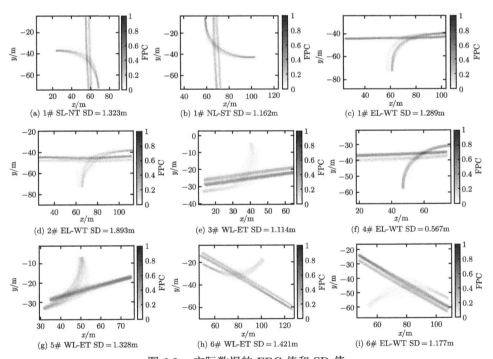

图 6.3　实际数据的 FPC 值和 SD 值

1#、2#、3#、4#、5#、6# 分别表示 1 号、2 号、3 号、4 号、5 号、6 号交叉口；E、S、W、N 分别表示东进口、南进口、西进口、北进口；L、T 表示左转和直行。颜色条表示 FPC 数值大小，颜色越深，数值越大，轨迹覆盖率越高。

6.2　模 型 建 立

根据上述分析，有必要建立一个仿真模型来估计信号交叉口直行车流与对向左转车流的轨迹离散度。

6.2.1　不同交通状况下的冲突交通流模型

仿真模型中，车辆运动分为决策层面和操作层面。决策层面根据交叉口情况判断是否需要重新规划车辆轨迹。操作层面具体规划车辆运行轨迹。其中，决策层面定义了两种轨迹：临时轨迹和固定轨迹。临时轨迹意味着车辆的轨迹尚未最终确定，可能需要重新规划，如新的冲突车辆进入交叉口时需要重新规划车辆轨迹。固定轨迹意味着车辆的轨迹已最终确定不会被重新规划。在以下两种条件下，车辆可获得固定轨迹：①当多辆冲突车辆进行轨迹规划时，第一辆通过冲突点的车辆可以获得固定轨迹；②在车辆运行过程中，如果没有新的冲突车辆进入交叉口，该车辆的临时轨迹即为固定轨迹。在操作层面，新的车辆进入交叉口可能遇见以下三种情况：①交叉口内没有其他车辆；②交叉口内有其他车辆，但没有相冲突的临时轨迹车辆；③交叉口内有其他车辆，且有相冲突的临时轨迹车辆。针对上述三种情况分别建立轨迹规划模型。本节将根据这三种情况进行分析建模。

1. 交叉口内没有其他车辆

当交叉口内没有其他车辆时，新到达车辆将成为需要考虑的唯一车辆，可以直接用通行轨迹模型来描述车辆运动轨迹。在第 5 章提出的通行轨迹模型中，以行驶距离为主要自变量，而在本节的冲突交通流模型中，需要根据时间来更新车辆状态。因此，将目标函数表示为式（6.3），约束条件表示为式（6.4）～式（6.6），车辆动力学模型的控制变量表示为式（6.7）和式（6.8）。运行成本函数表示为式（6.9）：

$$\min_{\boldsymbol{U}_i} C(\boldsymbol{X}_i, \boldsymbol{U}_i) = \min_{\boldsymbol{U}_i} \int_0^{t_{fi}} L_i(t, \boldsymbol{X}_i, \boldsymbol{U}_i)\mathrm{d}t \tag{6.3}$$

式中，$\boldsymbol{X}_i(t)$ 为 t 时刻车辆 i 的状态向量；$\boldsymbol{U}_i(t)$ 为 t 时刻车辆 i 的控制向量；t_{fi} 为车辆 i 从初始状态到终端状态所用的时间，s；L_i 为 t 时刻车辆 i 的运行成本。

$$0 \leqslant v_i \leqslant v_{\max} \tag{6.4}$$

$$a_{i\,\min} \leqslant a_i \leqslant a_{i\,\max} \tag{6.5}$$

$$-\frac{1}{r_{\min}} \leqslant \kappa_i \leqslant \frac{1}{r_{\min}} \tag{6.6}$$

式中，$v_{\max}$ 为速度的最大值，m/s，本章取 20m/s；$a_{\min}$ 为加速度的最小值，m/s²，本章取 -5m/s^2；$a_{\max}$ 为加速度的最大值，m/s²，本章取 5m/s²；$r_{\min}$ 为最小转弯半径，m，本章取 5m。

$$\frac{\mathrm{d}}{\mathrm{d}t}\boldsymbol{X}_i(t) = \frac{\mathrm{d}}{\mathrm{d}t}\begin{bmatrix} x_i(t) \\ y_i(t) \\ \theta_i(t) \\ v_i(t) \end{bmatrix} = \begin{bmatrix} v_i(t)\cos\theta_i(t) \\ v_i(t)\sin\theta_i(t) \\ v_i(t)\kappa_i(t) \\ a_i(t) \end{bmatrix}$$

$$\boldsymbol{X}_i(0) = \boldsymbol{X}_{0i} = \begin{bmatrix} x_i(0) \\ y_i(0) \\ \theta_i(0) \\ v_i(0) \end{bmatrix}, \quad \boldsymbol{X}_i(t_{fi}) = \boldsymbol{X}_{fi} = \begin{bmatrix} x_i(0) \\ y_i(0) \\ \theta_i(0) \end{bmatrix} \tag{6.7}$$

式中，$x_i(t), y_i(t)$ 为 t 时刻车辆 i 的平面坐标，m；$\theta_i(t)$ 为 t 时刻车辆 i 的转向角，rad；$v_i(t)$ 为 t 时刻车辆 i 的速度，m/s；$\boldsymbol{X}_{0i}$ 为车辆 i 的初始状态；$\boldsymbol{X}_{fi}$ 为车辆 i 的终端状态。

$$U_i(t) = \begin{bmatrix} \kappa_i(t) \\ a_i(t) \end{bmatrix} \tag{6.8}$$

$$L_i = \sum_j \beta_{ji}L_{ji} = \beta_{1i} + \frac{\beta_{2i}}{2}a_{ci}^2 + \frac{\beta_{3i}}{2}a_i^2 \tag{6.9}$$

式中，$a_i(t)$ 为 t 时刻车辆 i 的纵向加速度，m/s²；L_{ji} 为车辆 i 的运行成本 j，式中的三项分别体现时间成本、转向成本和加减速成本；β_{ji} 为车辆 i 的运行成本 j 的权重，表示驾驶员行为特性；a_{ci} 为横向加速度，m/s²，通过式（6.10）确定：

$$a_{ci} = \kappa_i v_i^2 \tag{6.10}$$

2. 交叉口内有其他车辆，但没有相冲突的临时轨迹车辆

交叉口内有其他车辆，但没有相冲突的临时轨迹车辆时，需要在考虑其他车辆影响的基础上，规划车辆轨迹。将情况 1 单车轨迹规划模型中的式（6.9）替换为式（6.11），其他公式与情况 1 相同：

$$L_i = \sum_j \beta_{ji}L_{ji} = \beta_{1i} + \frac{\beta_{2i}}{2}a_{ci}^2 + \frac{\beta_{3i}}{2}a_i^2 + \beta_{4i}v_{rib}^2\mathrm{e}^{-D_{ib}} \tag{6.11}$$

式中，$v_{rib}^2\mathrm{e}^{-D_{ib}}$ 为安全成本；v_{rib} 为有交互作用的车辆 b 相对于目标车辆 i 的径向速度，m/s，通过式（6.12）确定；D_{ib} 为两车之间的距离，m，通过式（6.13）

确定。

$$v_{rib} = \begin{cases} v_i \cos \varphi_{ib} + v_b \cos \gamma_{ib}, & v_i \cos \varphi_{ib} + v_b \cos \gamma_{ib} \geqslant 0 \\ 0, & v_i \cos \varphi_{ib} + v_b \cos \gamma_{ib} < 0 \end{cases} \tag{6.12}$$

$$D_{ib} = \sqrt{(x_i - x_b)^2 + (y_i - y_b)^2} \tag{6.13}$$

式中，v_b 为有交互作用的车辆 b 的速度，m/s；φ_{ib} 为从目标车辆 i 到车辆 b 的方向与目标车辆速度方向之间的夹角，rad；γ_{ib} 为从车辆 b 到目标车辆 i 的方向与车辆 b 速度方向之间的夹角，rad；(x_b, y_b) 为 t 时刻有交互作用的车辆 b 的平面坐标，m。

3. 交叉口内有其他车辆，且有相冲突的临时轨迹车辆

交叉口内有其他车辆，且有相冲突的临时轨迹车辆时，需要将目标车辆与冲突车辆的轨迹进行联合规划。将情况 1 单车轨迹规划模型中的式（6.3）替换为式（6.14），其他公式与情况 2 相同：

$$\min_U \left(\sum_i \int_0^{t_{fi}} L_i dt, \forall i \in I \right) \tag{6.14}$$

式中，I 为进行联合规划的一组车辆，包括目标车辆和冲突车辆。

6.2.2　模型校准

在模型中，驾驶员行为通过参数 β_1、β_2、β_3、β_4 来反映，这四个参数分别反映驾驶员对于行驶时间、横向加速度、纵向加速度和安全性的关注程度，需要对这几个参数进行校准。为了方便计算，将 β_1 默认为 1。在表 6.1 所示的六个交叉口中，前五个交叉口（1~5 号）作为参数校准数据，最后一个交叉口（6 号）的数据用于模型验证，以检验模型在新交叉口中的适应性。

本章采用序列二次规划法获得每对冲突车辆的最佳参数，以最小化模型规划轨迹与实际轨迹之间的 RMSE，如式（6.15）所示：

$$\mathrm{RMSE} = \sqrt{\dfrac{\sum_{t=1}^n ((x_t^m - x_t^c)^2 + (y_t^m - y_t^c)^2)}{n}} \tag{6.15}$$

式中，(x_t^m, y_t^m) 为 t 时刻模型规划轨迹的坐标，m；(x_t^c, y_t^c) 为 t 时刻实际轨迹的坐标，m。

校准参数的描述性统计如表 6.2 所示，独立样本 T 检验结果如表 6.3 所示，结果表明，对于 β_2、β_3，直行车辆与左转车辆之间的差异不显著；对于 β_4，直行车辆与左转车辆差异显著。因此，对于 β_2、β_3，直行车辆和左转车辆采用相同的数据集；对于 β_4，直行车辆和左转车辆采用不同的数据集。

表 6.2 校准参数的描述性统计

参数	转向	均值	标准偏差
β_2	左转	0.206	0.187
β_3	左转	0.232	0.199
β_4	左转	0.563	0.222
β_2	直行	0.220	0.216
β_3	直行	0.240	0.240
β_4	直行	0.313	0.143

表 6.3 左转与直行车辆差异的显著性检验

参数	T	显著性	均值差值	标准误差
β_2	-0.558	0.578	-0.014	0.026
β_3	-0.259	0.796	-0.007	0.028
β_4	-10.559	0.000	-0.250	0.024

由于标定数据量有限，不适合聚类，因此，本章直接采用二元均匀分布法选取参数。从标定参数的箱形图（图 6.4）可以看出，与直行车辆相比，左转车辆更关心

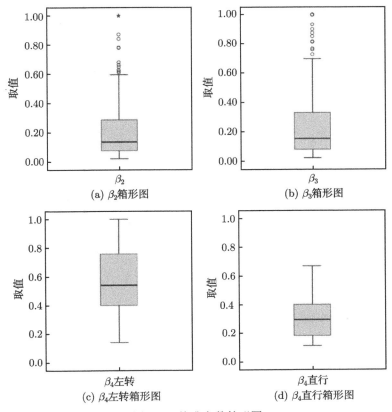

图 6.4 校准参数箱形图

安全性,这表明对于 β_2、β_3,大多数直行和左转车辆的取值范围分别为 $[0.07,0.28]$ 和 $[0.08,0.30]$;对于 β_4,大多数直行和左转车辆的取值范围分别为 $[0.18,0.40]$ 和 $[0.40,0.77]$。在后续分析中,将从上述范围内随机选取参数,以反映驾驶行为的差异性。

6.2.3　模拟求解

离散交通流模拟框架如图 6.5 所示,当新的车辆到达交叉口时,模拟过程共包含六个步骤,仿真周期结束后可估计轨迹离散度。

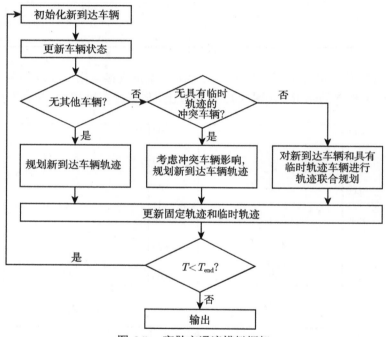

图 6.5　离散交通流模拟框架

(1)初始化新到达车辆。当新的车辆到达时,与该车辆相关的参数将被初始化,包括到达时间(T_i)、转向(M_i)、初始状态($\boldsymbol{X}_{0i}$)、终端状态($\boldsymbol{X}_{fi}$)、最大速度($v_{\max}$)、最小转弯半径($r_{\min}$)、加速度上下限($a_{\max}$,$a_{\min}$)。

(2)更新车辆状态。首先确定最后一辆车到达时刻到当前时刻的临时轨迹。其次,若车辆 i' 到达终端状态,应将其从分析系统中移除,如式(6.16)所示。再次,通过式(6.17)~ 式(6.19)可以更新系统中的车辆数量和具有临时轨迹的车辆数量。最后,应更新系统中每辆车的位置、转向角和速度,如式(6.20)所示。

$$S_i = 0, \quad \forall T_i + t_{fi} \leqslant T \tag{6.16}$$

$$N = \sum_i S_i \tag{6.17}$$

$$N_1 = \sum_i S_i(1 - F_i)(2 - M_i) \tag{6.18}$$

$$N_2 = \sum_i S_i(1 - F_i)(M_i - 1) \tag{6.19}$$

式中，S_i 为一个二进制参数，表示车辆 i 是否在系统中，1 为是，0 为否；T_i 为车辆 i 的到达时刻；T 为当前时刻；N 为系统中的车辆数；N_1、N_2 分别为系统中具有临时轨迹的左转和直行车辆数；F_i 为一个二进制参数，表示车辆 i 是否有固定轨迹，1 为是，0 为否；M_i 为车辆 i 的运动状态，1 为左转，2 为直行。

$$\left[\begin{array}{l} x_i(T) = \displaystyle\int_{T_i}^T v_i(t)\cos\theta_i(t)\mathrm{d}t \\[2mm] y_i(T) = \displaystyle\int_{T_i}^T v_i(t)\sin\theta_i(t)\mathrm{d}t \\[2mm] \theta_i(T) = \displaystyle\int_{T_i}^T v_i(t)\kappa_i(t)\mathrm{d}t \\[2mm] v_i(T) = \displaystyle\int_{T_i}^T a_i(t)\mathrm{d}t \end{array} \right], \quad \forall S_i = 1 \tag{6.20}$$

（3）判断新到达的车辆满足 6.2.1 节的哪种情况，可用式（6.21）判断：

$$c_i = \begin{cases} 1, & N = 0 \\ 2, & N \neq 0, \ N_{(3-M_i)} = 0 \\ 3, & \text{其他} \end{cases} \tag{6.21}$$

式中，c_i 为新到达车辆满足的情况编号。

（4）规划新到达车辆轨迹。新到达的车辆轨迹与具有临时轨迹的车辆的轨迹根据式（6.3）～ 式（6.14）进行规划或重新规划。

（5）更新固定轨迹和临时轨迹。对于情况 1 和情况 2，只需要规划新到达的车辆轨迹，新到达的车辆得到临时轨迹。对于情况 3，需要规划新到达的车辆和具有临时轨迹的车辆的轨迹，先通过冲突点的车辆得到固定轨迹，其他车辆得到临时轨迹。

（6）模拟停止标准。若时间步长达到分析周期的结尾（T_{end}），则模拟停止，输出所有车辆的轨迹。否则，返回第（1）步。

6.3　模　型　检　验

　　本节将利用实际数据来验证模型的描述性和准确性。利用参与标定的交叉口（1~5 号交叉口）和未参与标定的新交叉口（6 号交叉口）进行模型验证。

　　实际数据和仿真结果的 FPC 如图 6.6~图 6.14 所示，图中颜色条表示 FPC数值大小，颜色越深，数值越大，轨迹覆盖率越高。对应的样本 T 检验如表 6.4所示，结果表明，仿真结果与实际数据无显著性差异（$p > 0.05$）。表 6.5 为实际

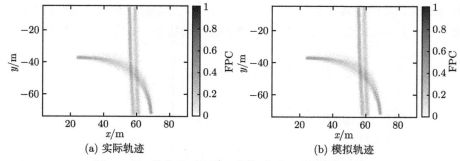

(a) 实际轨迹　　　　　　　　　　　　　　(b) 模拟轨迹

图 6.6　1 号交叉口南进口左转-北进口直行轨迹对比

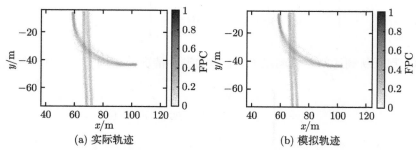

(a) 实际轨迹　　　　　　　　　　　　　　(b) 模拟轨迹

图 6.7　1 号交叉口北进口左转-南进口直行轨迹对比

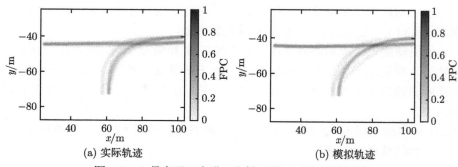

(a) 实际轨迹　　　　　　　　　　　　　　(b) 模拟轨迹

图 6.8　1 号交叉口东进口左转-西进口直行轨迹对比

数据与仿真结果的 SD 比较，通过比较发现，实际轨迹 SD 与模拟轨迹 SD 的最小相对误差为 0.15%；最大相对误差为 16.93%；平均相对误差为 8.92%。对其进行差异显著性检验，得到显著性的值为 0.747（>0.05），差异性不显著。

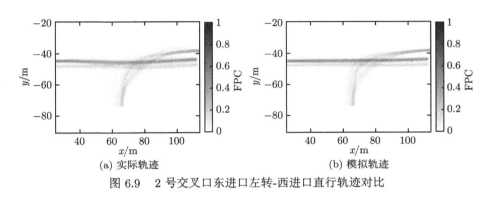

图 6.9　2 号交叉口东进口左转-西进口直行轨迹对比

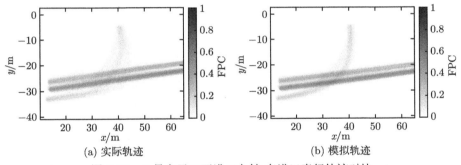

图 6.10　3 号交叉口西进口左转-东进口直行轨迹对比

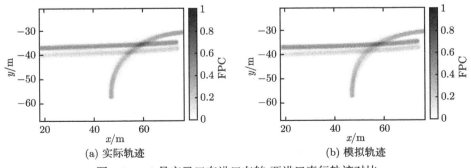

图 6.11　4 号交叉口东进口左转-西进口直行轨迹对比

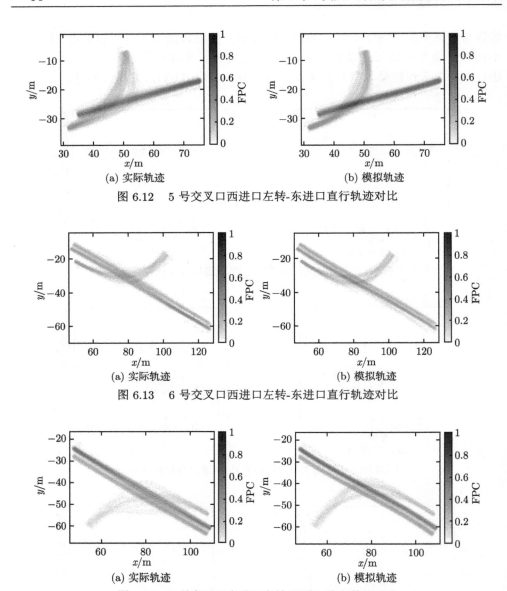

(a) 实际轨迹　　　　　　　　　　　　　　　(b) 模拟轨迹

图 6.12　5 号交叉口西进口左转-东进口直行轨迹对比

(a) 实际轨迹　　　　　　　　　　　　　　　(b) 模拟轨迹

图 6.13　6 号交叉口西进口左转-东进口直行轨迹对比

(a) 实际轨迹　　　　　　　　　　　　　　　(b) 模拟轨迹

图 6.14　6 号交叉口东进口左转-西进口直行轨迹对比

　　检验结果表明，本章所提出的冲突交通流模型能够较好地反映交叉口直行车流和对向左转车流整体的轨迹离散性。该模型在参与标定的交叉口的模拟中表现出较好的描述性和较高的准确性，在模拟未参与标定的新交叉口时也表现出了较好的描述性和较高的准确性。

表 6.4 实际数据与仿真结果 FPC 比较

轨迹流向	均值	标准偏差	标准误差平均值	显著性
1 号交叉口南进口左转-北进口直行	0.000 34	0.028 55	0.000 50	0.490
1 号交叉口北进口左转-南进口直行	−0.000 47	0.067 76	0.001 25	0.706
1 号交叉口东进口左转-西进口直行	0.000 31	0.025 35	0.000 45	0.489
2 号交叉口东进口左转-西进口直行	0.001 16	0.040 48	0.000 60	0.054
3 号交叉口西进口左转-东进口直行	0.000 49	0.051 79	0.000 98	0.617
4 号交叉口东进口左转-西进口直行	0.000 57	0.037 14	0.000 78	0.464
5 号交叉口西进口左转-东进口直行	0.001 65	0.033 97	0.000 90	0.065
6 号交叉口西进口左转-东进口直行	0.000 70	0.040 45	0.000 60	0.241
6 号交叉口东进口左转-西进口直行	0.000 95	0.044 10	0.000 81	0.239

表 6.5 实际数据与仿真结果 SD 比较

轨迹流向	实际轨迹的 SD	模拟轨迹的 SD	相对误差
1 号交叉口南进口左转-北进口直行	1.323	1.184	10.53%
1 号交叉口北进口左转-南进口直行	1.162	1.163	0.15%
1 号交叉口东进口左转-西进口直行	1.289	1.385	7.47%
2 号交叉口东进口左转-西进口直行	1.893	1.763	6.88%
3 号交叉口西进口左转-东进口直行	1.114	1.055	5.31%
4 号交叉口东进口左转-西进口直行	0.567	0.641	13.00%
5 号交叉口西进口左转-东进口直行	1.328	1.103	16.93%
6 号交叉口西进口左转-东进口直行	1.421	1.502	5.70%
6 号交叉口东进口左转-西进口直行	1.177	1.346	14.35%

注：由于相对误差的值较小，在计算时使用的是实际轨迹的 SD 和模拟轨迹的 SD 的精确值，而本表中列出的实际轨迹的 SD 和模拟轨迹的 SD 是四舍五入之后的结果。

6.4 轨迹离散性影响因素分析

为了进一步分析轨迹离散性影响因素，本节将设置以下基本情景：西进口左转车流和东进口直行车流，左转的初始状态为 $[0,0,0,8]^{\mathrm{T}}$，终端状态为 $[20,20,\pi/2]^{\mathrm{T}}$；直行的起始状态为 $[37.5,7.5,-\pi,8]^{\mathrm{T}}$，终端状态为 $[0,7.5,-\pi]^{\mathrm{T}}$。两流向的流量均为 360 辆/h，模拟时间为 1h。

6.4.1 交叉口空间大小的影响

理论上，当交叉口的空间变大时，驾驶员有更多的可选择路径。因此，对于交叉口空间大小的影响，将通过放大或缩小交叉口基本尺寸，设置四个模拟情景，设置交叉口尺寸的 0.5 倍、1 倍、1.5 倍、2 倍。各情景下的 FPC 如图 6.15 所示，各情景下的 SD 如图 6.16 所示。由图 6.15 可以直观地看到，随着交叉口尺寸的增加，轨迹的离散度越来越大，同时，图 6.16 中轨迹 SD 的变化也证明了这一点。

这是因为当交叉口尺寸较小时，由于最小转弯半径的限制，驾驶员可选择的轨迹较少，随着交叉口尺寸的增加，最小转弯半径对驾驶员的影响逐渐减小，可选择的行驶轨迹增加。

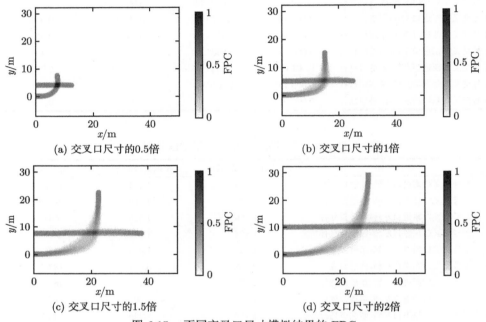

图 6.15　不同交叉口尺寸模拟结果的 FPC

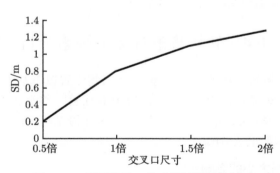

图 6.16　不同交叉口尺寸模拟结果的 SD

6.4.2　交叉口交叉角度的影响

本节所说的交叉口交叉角度是指模拟中左转车辆对应的角度。交叉口交叉角度的大小会影响左转轨迹的变化，交叉口角度过小会导致左转困难。本节将根据交叉口角度不同设置四个模拟情景，交叉角度分别为 $3/4\pi$、$5/8\pi$、$1/2\pi$、$3/8\pi$。

各情景下的 FPC 如图 6.17 所示。各情景下的 SD 如图 6.18 所示。结果表明，随着交叉口角度的减小，轨迹的离散度减小。当交叉口角度较大时，左转车辆的转弯角度较小，使可选择轨迹较多，轨迹离散性明显。从图 6.17(a) 和图 6.17(b) 中可以明显看出，驾驶员的驾驶选择主要分为两类：直接转弯和绕行。这也是两种消除冲突的方案，前者是左转车辆在对向直行车辆到达之前优先通过冲突点，后者是左转车辆通过绕行的方式让对向直行车辆先通过冲突点。当交叉口角度小时，由于交叉口空间和最小转弯半径的限制，绕行方案较难实现，驾驶员可选择的轨迹减少，轨迹离散度降低。图 6.18 也可进一步验证上述结论。

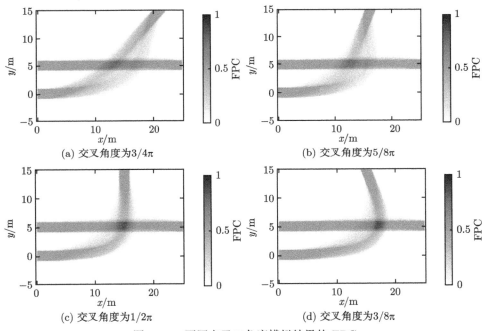

图 6.17 不同交叉口角度模拟结果的 FPC

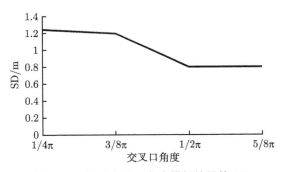

图 6.18 不同交叉口角度模拟结果的 SD

6.4.3　交叉口流量的影响

　　交叉口的流量大小影响着产生冲突的可能性大小，交叉口流量越大，产生冲突的可能性越大，交通状况越复杂。本节将根据交叉口流量的不同设置四个情景，将交叉口流量分别设置为 180 辆/h、270 辆/h、360 辆/h、450 辆/h。各情景下的 FPC 如图 6.19 所示。各情景下的 SD 如图 6.20 所示。从图 6.19 可以看出，随着交叉口流量的增加，轨迹离散度增加，从图 6.20 可以看出，随着交叉口流量的增

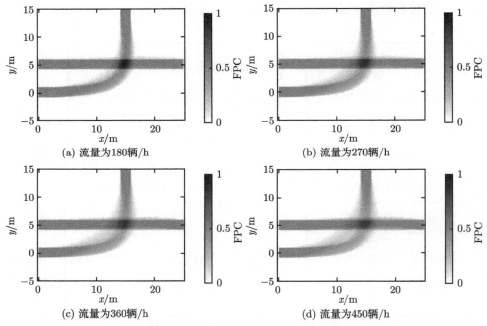

(a) 流量为180辆/h　　　　　　　　　　　　(b) 流量为270辆/h

(c) 流量为360辆/h　　　　　　　　　　　　(d) 流量为450辆/h

图 6.19　不同交叉口流量结果的 FPC

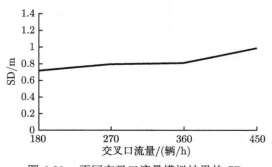

图 6.20　不同交叉口流量模拟结果的 SD

加，SD 增加。在交叉口流量较大的情况下，驾驶员遇到冲突的可能性增加，偏离最优轨迹的可能性增加，因此轨迹离散度增加。但与交叉口尺寸和角度相比，流量对于交叉口轨迹的离散性影响较小。

6.5 改善信号控制交叉口交通秩序措施与建议

基于本章的模型结果分析以及影响因素分析，模型对交通秩序的拟合程度较优且能较好地反映影响因素对交通秩序的影响。这对具体改善信号控制交叉口交通秩序的措施与建议提供了依据与参考。因此，本节将对改善信号控制交叉口交通秩序的措施与建议从三个方面（交通秩序评价、交叉口几何设计和交叉口管理与控制）进行分析。

6.5.1 交通秩序评价

从交通秩序评价方面，建议以轨迹偏差和平均通行时间作为重要的评价指标。根据对现有的研究进行归纳总结，交通秩序评价的主要问题在于缺乏量化交通秩序的方法，且交通秩序预测模型可解释性不足。所以本章通过 VAS 主观评价量表的方法，对交叉口秩序程度进行量化。并基于此方法得到交通秩序，提出六个客观评价指标，构建交通秩序预测模型。而对于大规模的交叉口交通秩序改善，展开交通秩序主观评价所需成本较高。较为可行的方法是通过本章构建的模型对交通秩序进行预测。然而，在实际工程应用中，由于各种限制条件，对交叉口交通秩序情况有一个大致且迅速的判断和评估是有必要的，这就需要从重要的指标入手。轨迹偏差指标与平均通行时间指标在预测模型中的相对贡献度较高，对模型预测的交通秩序影响程度较高。所以，在交通秩序评价中，以轨迹偏差和平均通行时间作为重要的评价指标，便于交通工程师对目标交叉口交通秩序情况有大致的认识和判断，从而对信号控制交叉口交通秩序开展后续的优化。

6.5.2 交叉口几何设计

从交叉口几何设计方面，进出口车道数量应匹配，出口车道数不应小于同时流入的最大车流数量。根据交通秩序影响因素分析，交通秩序与出口车道数量整体呈正相关关系，增加出口车道数量可以在一定程度上改善交通秩序。但若出口车道数量设置过多，反而会降低交叉口的交通秩序。这是由于随着出口车道的增加，交叉口内部空间也会相应增加。过大的内部空间导致了驾驶员驾驶行为选择的随意性，导致交叉口内部车辆运行轨迹偏差增大，影响了交叉口内部车辆运行的稳定性，从而使交叉口交通秩序降低。所以，出口车道数量应与进口车道数量相匹配，从而提升交叉口交通秩序。

6.5.3　交叉口管理与控制

从交叉口管理与控制方面，建议通过增设导流线、机非隔离带以及左转保护相位改善信号控制交叉口交通秩序。导流线数量、机非隔离带数量和左转保护相位对交通秩序影响程度较大。通过增设交叉口内部导流线，可以有效引导车辆按指定流线运行，从而提升了车辆运行过程中的稳定性，减少了交叉口车辆整体的轨迹偏差。同时，稳定的运行状态在一定程度上提升了车辆通过交叉口的速度，减少了车辆的通行时间，达到提高交叉口交通秩序的目的。机非隔离带对交叉口交通秩序也有显著的影响。机非隔离带的设置有效地降低了车辆和非机动车之间的冲突，从而使车辆在通过交叉口时受到非机动车的影响降低，运行状态更加稳定，在降低轨迹偏差的同时也能促使车辆快速通过交叉口。对于左转保护相位，基于6.4 节对影响因素的敏感性分析，左转保护相位对于交通秩序的影响程度较大且提升明显。设置左转保护相位，可以有效地减少左转车辆和对向直行车辆之间的冲突。左转和直行车辆的冲突最直接的结果便是轨迹偏差的增大以及车辆速度明显降低。并且随着驾驶员不同驾驶行为的选择，此现象更明显，所以设置左转保护相位对优化交叉口交通秩序是重要的措施。

6.6　本 章 小 结

本章研究了交叉口机动车冲突交通流的轨迹离散性，建立了考虑驾驶员行为特性的冲突交通流模型，模拟冲突交通流的运行轨迹，并利用实际数据进行对比仿真，验证了模型的有效性和对轨迹离散的描述性。然后讨论了交叉口空间大小、交叉角度和流量对轨迹离散性的影响，发现交叉口越大，轨迹离散度越大；交叉口交叉角度越大，轨迹离散度越小；交叉口流量越大，轨迹离散度越大。最后基于影响因素分析从交通秩序评价、交叉口几何设计和交通管理与控制角度对改善信号控制交叉口交通秩序的措施提出建议。

第 7 章　结　　论

本书在对信号控制交叉口交通秩序评价和微观交通流模拟相关研究进行综述的基础上，开发了交叉口交通秩序主观测量方法，建立了交通秩序客观评价模型，进而从单车到车流，构建了交叉口冲突交通流轨迹分布模拟方法，再现交叉口运行秩序。本书的主要研究成果包括以下几部分。

（1）优化设计交通秩序主观评价量表，开发交叉口交通秩序主观测量方法。本书为了定量反映和量化交通秩序的主观概念，选择视觉模拟量表作为测量交通秩序的基础量表。并从量表载体和量表布局两个角度，优化开发了基于 HTML5+JavaScript 程序设计的在线评价量表。然后基于初步的主观评价量表开展预调研。通过对预调研过程和结果进行分析，通过数据标准化、调整流程时间和优化结果检验规则三个方法对量表进行二次优化。接着使用优化设计后的主观评价量表开展正式调研。根据对回收的 4000 条信号控制交叉口交通秩序主观评价数据进行信度和效度分析，得出主观评价数据之间有较高的一致性，总体检验通过率为 86.45%。结果表明，本书通过两次优化开发的视觉模拟量表，可以较为准确地反映和量化信号控制交叉口交通秩序。

（2）改良多层感知机神经网络模型，提出信号交叉口交通秩序客观评价方法。本书结合由轨迹数据计算得到的交通秩序客观评价指标和由主观评价量表得到的交通秩序主观评价，选择多层感知机神经网络模型构建交通秩序预测模型。针对现有模型的缺点，设计两个优化步骤：基于 SMOTE 算法的数据增强和基于遗传算法的超参数优化，并以此构建优化后的多层感知机神经网络模型。模型结果分析表明，优化后的交通秩序预测模型的拟合优度为 0.83，模型可以较为准确地预测信号控制交叉口交通秩序。同时，两个优化步骤可以使模型拟合较快地收敛，并有效地降低了神经网络模型训练和验证误差，提高了神经网络模型的拟合效果。最后基于改良的 Garson 算法对评价交通秩序的客观评价指标进行敏感性分析，敏感性分析结果表明，在六个客观评价指标中，轨迹偏差与交通秩序呈负相关关系，相对贡献度为 32.5%，对交通秩序的影响最大。

（3）基于最优控制理论，建立交叉口车辆二维运动轨迹模型。基于最优控制理论，以最小化总估计成本为目标，模拟驾驶员的行为（包括转动方向盘、踩制动踏板和踩加速踏板）。以起始状态和终端状态作为输入，用各成本的相对权重来描述驾驶员行为特性，生成符合驾驶员行为特性的交叉口通行轨迹。并提出了基于聚类的多变量分布的参数拟合方法。针对交叉口通行轨迹离散化特点和交通模型参数之间的相关性，引入聚类思想，提出了适合通行轨迹模型的参数拟合方法。通过实际数据仿真分析验证了基于聚类的多变量分布法能够很好地描述交叉口车流的实际情况，并且具有较强的适应性。对于参与驾驶行为标定的交叉口，轨迹分布的整体重合度可达到 90％以上；对于未参与驾驶行为标定的新交叉口，轨迹分布的整体重合度也能达到 88.5％。其优势主要体现为可有效描述交叉口车流通行轨迹的离散性。

　　（4）结合物理概念和滚动时域控制，构建交叉口冲突交通流轨迹分布模拟方法。针对信号控制交叉口，考虑直行与对向左转冲突的不同情况，分别建立冲突交通流模型，以描述交叉口冲突交通流的轨迹离散性，并通过实际数据仿真验证了模型的准确性，仿真轨迹与实际轨迹的平均标准偏差误差只有 8.92％。同时对轨迹离散性影响因素进行分析，选取了交叉口空间大小、交叉角度和流量三个影响因素进行分析，得出交叉口越大，轨迹离散性越明显；交叉角度越小，轨迹离散性越不明显；交叉口流量越大，轨迹离散性越明显。

参 考 文 献

[1] 杨晓光, 赵靖, 马万经, 等. 信号控制交叉口通行能力计算方法研究综述 [J]. 中国公路学报, 2014, 27(5): 148-157.

[2] Transportation Research Board. Highway Capacity Manual (Sixth Edition)[M]. Washington DC: Transportation Research Board, 2016.

[3] Stamatiadis N, Hedges A, Kirk A. A simulation-based approach in determining permitted left-turn capacities[J]. Transportation Research Part C: Emerging Technologies, 2015, 55: 486-495.

[4] 张惠玲, 杨林玉, 敖谷昌. 信号交叉口延误参数获取综述 [J]. 重庆交通大学学报 (自然科学版), 2017, 36(3): 90-97.

[5] Cheng C, Du Y, Sun L, et al. Review on theoretical delay estimation model for signalized intersections[J]. Transport Reviews, 2016, 36(4): 479-499.

[6] Comert G. Queue length estimation from probe vehicles at isolated intersections: Estimators for primary parameters[J]. European Journal of Operational Research, 2016, 252(2): 502-521.

[7] 王钰, 徐建闽, 林培群. 基于 GPS 数据的信号交叉口实时排队长度估算 [J]. 交通运输系统工程与信息, 2016(6): 67-73.

[8] 赖元文, Easa S. 信号交叉口通行能力随机影响因素建模 (英文)[J]. 中国公路学报, 2016(11): 134-142.

[9] 林培群, 雷永巍, 姚凯斌, 等. 部分联网环境下交叉口排队长度估算与信号自适应控制 [J]. 华南理工大学学报 (自然科学版), 2017, 45(11): 1-9.

[10] 张珩, 徐寅峰, 吴腾宇. 行人从众过街对机动车流延误影响分析 [J]. 系统工程学报, 2016, 31(4): 536-544.

[11] 陈亦新, 贺玉龙, 孙小端, 等. 信号交叉口左弯待转区对左转车道通行能力的影响 [J]. 长安大学学报 (自然科学版), 2015, 35(6): 111-116.

[12] Liu M, Xu L, Shen L, et al. Modeling capacity at signalized intersections with a left-turn storage bay considering signal timing plan[J]. Journal of Transportation Engineering, Part A: Systems, 2018, 145(2): 04018084.

[13] Wu K, Guler S I, Gayah V V. Estimating the impacts of bus stops and transit signal priority on intersection operations: Queuing and variational theory approach[J]. Transportation Research Record, 2017, 2622: 70-83.

[14] Tan W, Li Z C, Tan Z. Modeling the effects of speed limit, acceleration, and deceleration on overall delay and traffic emission at a signalized intersection[J]. Journal of Transportation Engineering, Part A: Systems, 2017, 143(12): 04017063.

[15] Zhao J, Yu J, Zhou X. Saturation flow models of exit lanes for left-turn intersections[J]. Journal of Transportation Engineering, Part A: Systems, 2018, 145(3): 04018090.

[16] Zhao J, Li P, Zheng Z, et al. Analysis of saturation flow rate at tandem intersections using field data[J]. IET Intelligent Transport Systems, 2018, 12(5): 394-403.

[17] American Association of State Highway and Transportation Officials. Highway Safety Manual[M]. Washington DC: American Association of State Highway and Transportation Officials, 2010.

[18] 郭延永, 刘攀, 吴瑶, 等. 考虑异质性的贝叶斯交通冲突模型 [J]. 中国公路学报, 2018, 31(4): 296-303.

[19] Lord D. Safe Mobility: Challenges, Methodology and Solutions[M]. Bingley: Emerald Publishing Limited, 2018.

[20] Essa M, Sayed T. Full Bayesian conflict-based models for real time safety evaluation of signalized intersections[J]. Accident Analysis & Prevention, 2019, 129: 367-381.

[21] Dotzauer M, de Waard D, Caljouw S R, et al. Behavioral adaptation of young and older drivers to an intersection crossing advisory system[J]. Accident Analysis & Prevention, 2015, 74: 24-32.

[22] Zaki M H, Sayed T, Ibrahim S E. Comprehensive safety diagnosis using automated video analysis: Applications to an urban intersection in Edmonton, Alberta, Canada[J]. Transportation Research Record, 2016, 2601: 138-152.

[23] Wu J, Radwan E, Abou-Senna H. Determination if VISSIM and SSAM could estimate pedestrian-vehicle conflicts at signalized intersections[J]. Journal of Transportation Safety & Security, 2018, 10(6): 572-585.

[24] Zhao J, Yun M, Zhang H M, et al. Driving simulator evaluation of drivers' response to intersections with dynamic use of exit-lanes for left-turn[J]. Accident Analysis & Prevention, 2015, 81: 107-119.

[25] 张惠玲, 尹宝计. 限速值对信号交叉口交通安全的影响分析 [J]. 中国安全科学学报, 2015, 25(2): 112-116.

[26] 董升, 周继彪, 唐克双, 等. 绿闪灯对电动自行车停驶决策行为的安全影响 [J]. 中国安全科学学报, 2015, 25(9): 27-33.

[27] 郭延永, 刘攀, 徐铖铖, 等. 基于交通冲突模型的信号交叉口右转设施安全分析 [J]. 中国公路学报, 2015, 28(11): 1-8.

[28] 刘锴, 贾洁, 刘超, 等. 车路协同环境下道路无信号交叉口防碰撞系统警示效果 [J]. 中国公路学报, 2018, 31(4): 222-230.

[29] Zhao J, Liu Y. Safety evaluation of intersections with dynamic use of exit-lanes for left-turn using field data[J]. Accident Analysis & Prevention, 2017, 102: 31-40.

[30] 道路交通秩序评价 GA/T 175—1998[S]. 北京: 中国标准出版社, 2004.

[31] 邵祖峰. 城市道路交通秩序综合评价指标体系研究 [J]. 湖北警官学院学报, 2003(1): 62-64.

[32] 刘金广, 刘小明, 孔庆峰, 等. 城市信号交叉口混合交通秩序度模型 [J]. 交通运输系统工程与信息, 2010, 10(6): 41-47.

[33] 李文勇, 余子威, 王涛, 等. 基于交叉口复杂度的交叉口秩序模型 [J]. 广西大学学报 (自然科学版), 2016, 41(5): 1538-1544.

[34] 于泉, 周予婷. 信号交叉口人行横道混合交通流秩序评价模型 [J]. 深圳大学学报理工版, 2018, 35(6): 653-660.

[35] 吴兵, 李晔. 交通管理与控制 [M]. 6 版. 北京: 人民交通出版社, 2020.

[36] Bando M, Hasebe K, Nakayama A, et al. Dynamical model of traffic congestion and numerical simulation[J]. Physical Review E, 1995, 51(2): 1035-1042.

[37] Helbing D, Tilch B. Generalized force model of traffic dynamics[J]. Physical Review E, 1998, 58(1): 133.

[38] Jiang R, Wu Q, Zhu Z. Full velocity difference model for a car-following theory[J]. Physical Review E, 2001, 64(1): 017101.

[39] Tang T, Zhang J, Liu K. A speed guidance model accounting for the driver's bounded rationality at a signalized intersection[J]. Physica A: Statistical Mechanics and its Applications, 2017, 473(1): 45-52.

[40] Ci Y, Wu L, Zhao J, et al. V2I-based car-following modeling and simulation of signalized intersection[J]. Physica A: Statistical Mechanics and its Applications, 2019, 525(1): 672-679.

[41] Nagel K, Schreckenberg M. A cellular automaton model for freeway traffic [J]. Journal de Physique I, 1992, 2(12): 2221-2229.

[42] Chowdhury D, Wolf D E, Schreckenberg M. Particle hopping models for two-lane traffic with two kinds of vehicles: Effects of lane-changing rules[J]. Physica A Statistical Mechanics and its Applications, 1997, 235(3-4): 417-439.

[43] Foulaadvand M E, Belbasi S. Vehicular traffic flow at a non-signalised intersection[J]. Journal of Physics A: Mathematical and Theoretical, 2007, 40: 8289-8297.

[44] Li X, Gao Z, Jia B, et al. Cellular automata model for unsignalized T-shaped intersection[J]. International Journal of Modern Physics C, 2009, 20: 501-512.

[45] Chai C, Wong Y. Micro-simulation of vehicle conflicts involving right-turn vehicles at signalized intersections based on cellular automata[J]. Accident Analysis and Prevention, 2014, 63: 94-103.

[46] Zhao X, Gao Z, Jia B. The capacity drop caused by the combined effect of the intersection and the bus stop in a CA model[J]. Physica A: Statistical Mechanics and its Applications, 2007, 385: 645-658.

[47] Vasic J, Ruskin H J. Cellular automata simulation of traffic including cars and bicycles[J]. Physica A: Statistical Mechanics and its Applications, 2012, 391(8): 2720-2729.

[48] Chai C, Wong Y. Fuzzy cellular automata model for signalized intersections [J]. Computer-Aided Civil and Infrastructure Engineering, 2015, 30: 951-964.

[49] Zhu F, Ukkusuri S V. Modeling the proactive driving behavior of connected vehicles: A cell-based simulation approach[J]. Computer-Aided Civil and Infrastructure Engineering, 2018, 33: 262-281.

[50] Helbing D, Molnar P. Social force model for pedestrian dynamics[J]. Physical Review E,

1995, 51(4): 4282-4286.

[51] Huang L, Wu J, You F, et al. Cyclist social force model at unsignalized intersections with heterogeneous traffic[J]. IEEE Transactions on Industrial Informatics, 2017, 13: 782-792.

[52] Ma Z, Sun J, Wang Y. A two-dimensional simulation model for modelling turning vehicles at mixed-flow intersections[J]. Transportation Research Part C: Emerging Technologies, 2017, 75: 103-119.

[53] Anvari B, Bell M G, Sivakumar A, et al. Modelling shared space users via rule-based social force model[J]. Transportation Research Part C: Emerging Technologies, 2015, 51: 83-103.

[54] Anvari B, Daamen W, Knoop V L, et al. Shared Space Modeling based on Social Forces and Distance Potential Field[M]. Cham: Springer, 2014: 907-916.

[55] Yuan Y, Goñi-Ros B, van Oijen T P, et al. Social force model describing pedestrian and cyclist behaviour in shared spaces [C]. International Conference on Traffic and Granular Flow, Washington DC, 2017: 477-486.

[56] Fellendorf M, Schönauer R, Huang W. Social force based vehicle model for two-dimensional spaces[C]. Transportation Research Board 91st Annual Meeting, Washington DC, 2012: 12-29.

[57] Huynh D N, Boltze M, Vu A T. Modelling mixed traffic flow at signalized intersectionusing social force model[J]. Journal of the Eastern Asia Society for Transportation Studies, 2013, 10: 1734-1749.

[58] Yang D, Zhou X, Su G, et al. Model and simulation of the heterogeneous traffic flow of the urban signalized intersection with an island work zone [J]. IEEE Transactions on Intelligent Transportation Systems, 2019, 20: 1719-1727.

[59] Ma Z, Xie J, Qi X, et al. Two-dimensional simulation of turning behavior in potential conflict area of mixed-flow intersections[J]. Computer-Aided Civil and Infrastructure Engineering, 2017, 32: 412-428.

[60] Jensen M P, Karoly P, Braver S. The measurement of clinical pain intensity: A comparison of six methods[J]. Pain, 1986, 27(1): 117-126.

[61] Fleiss J L, Cohen J. The equivalence of weighted kappa and the intraclass correlation coefficient as measures of reliability[J]. Educational and Psychological Measurement, 1973, 33(3): 613-619.

[62] Wang S C. Artificial Neural Network[M]//Interdisciplinary Computing in Java Programming. Boston: Springer-Verlay, 2003: 81-100.

[63] LeCun Y, Bengio Y, Hinton G. Deep learning[J]. Nature, 2015, 521(7553): 436-444.

[64] Chawla N V, Bowyer K W, Hall L O, et al. SMOTE: Synthetic minority over-sampling technique[J]. Journal of Artificial Intelligence Research, 2002, 16: 321-357.

[65] Garson D G. Interpreting neural network connection weights[J]. AI Expert, 1991, 6: 47-51.

[66] Goh A T C. Back-propagation neural networks for modeling complex systems [J]. Artificial Intelligence in Engineering, 1995, 9(3): 143-151.

[67] Kim J, Mahmassani H S. Correlated parameters in driving behavior models: Car-following

example and implications for traffic microsimulation[J]. Transportation Research Record, 2011, 2249(1): 62-77.

[68] Gumbel E J. Bivariate exponential distributions[J]. Journal American Statistical Association, 1960, 55(292): 698-707.

[69] Freund J E. A bivariate extension of the exponential distribution[J]. Journal American Statistical Association, 1961, 56(296): 971-977.

[70] Marshall A W, Olkin I. A multivariate exponential distribution[J]. Journal American Statistical Association, 1967, 62(317): 30-44.

[71] Block H W, Basu A P. A continuous, bivariate exponential extension[J]. Journal American Statistical Association, 1974, 69(348): 1031-1037.

[72] Downton F. Bivariate exponential distributions in reliability theory[J]. Journal of the Royal Statistical Society. Series B: Methodological, 1970, 32: 408-417.

[73] Balakrishna N, Shiji K. On a class of bivariate exponential distributions [J]. Statistics & Probability Letters, 2014, 85: 153-160.

[74] Van E, Knoop V L, Hoogendoorn S P. Macroscopic traffic state estimation: Understanding traffic sensing data-based estimation errors[J]. Journal of Advanced Transportation, 2017, 2017: 5730648.

附录 A 交叉口轨迹数据采集地点

图 A.1 桃林路-灵山路交叉口

图 A.2 扬泰路-镇泰路交叉口

图 A.3 牡丹江-路友谊路交叉口

图 A.4　友谊路-铁力路交叉口

图 A.5　迎春路-合欢路交叉口

图 A.6　昌邑路-源深路交叉口

图 A.7   祖冲之路-高斯路交叉口

图 A.8   张杨路-崮山路交叉口

图 A.9   高科西路-张东路交叉口

图 A.10　高科西路-金科路交叉口

图 A.11　迎春路-芳甸路交叉口

图 A.12　友谊路-铁山路交叉口

图 A.13   锦绣路-芳甸路交叉口

图 A.14   南洋泾路-芳甸路交叉口

图 A.15   祖冲之路-金科路交叉口

图 A.16　高科东路-齐爱路交叉口

图 A.17　高科东路-唐安路交叉口

图 A.18　高科东路-唐陆公路交叉口

图 A.19　高科东路-唐丰路交叉口

图 A.20　郭守敬路-张江路交叉口

图 A.21　金科路-晨晖路交叉口

图 A.22   齐爱路-创新路交叉口

图 A.23   唐丰路-唐镇路交叉口

图 A.24   唐镇路-唐安路交叉口

附录 B 交通秩序主观评价调查量表

信号控制交叉口交通秩序主观评价调查量表通过 HTML5+JavaScript 程序设计制作，以此搭建交通秩序主观评价测试平台，具体如图 B.1~图 B.3 所示。

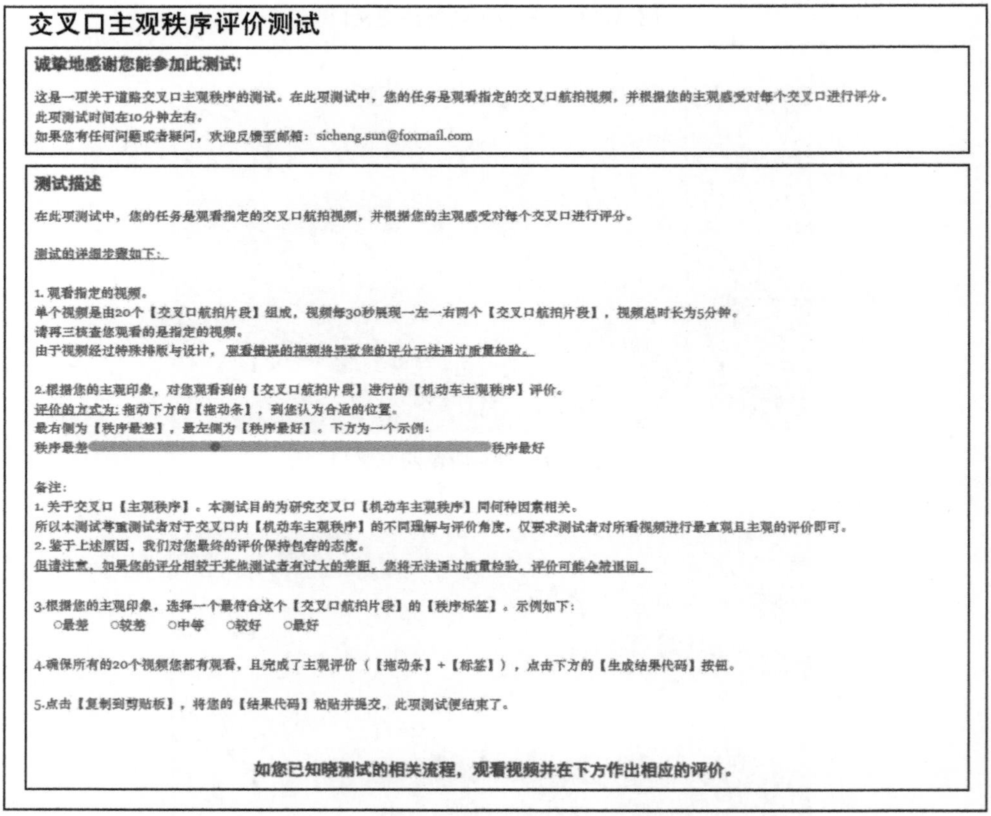

交叉口主观秩序评价测试

诚挚地感谢您能参加此测试!

这是一项关于道路交叉口主观秩序的测试。在此项测试中，您的任务是观看指定的交叉口航拍视频，并根据您的主观感受对每个交叉口进行评分。
此项测试时间在10分钟左右。
如果您有任何问题或者疑问，欢迎反馈至邮箱: sicheng.sun@foxmail.com

测试描述

在此项测试中，您的任务是观看指定的交叉口航拍视频，并根据您的主观感受对每个交叉口进行评分。

测试的详细步骤如下:

1.观看指定的视频。
单个视频是由20个【交叉口航拍片段】组成，视频每30秒展现一左一右两个【交叉口航拍片段】，视频总时长为5分钟。
请再三核查您观看的是指定的视频。
由于视频经过特殊排版与设计，观看错误的视频将导致您的评分无法通过质量检验。

2.根据您的主观印象，对您观看到的【交叉口航拍片段】进行的【机动车主观秩序】评价。
评价的方式为: 拖动下方的【拖动条】，到您认为合适的位置。
最右侧为【秩序最差】，最左侧为【秩序最好】。下方为一个示例:
秩序最差 ●━━━━━━━━━━━━━━●━━━━━━━━━━━━━ 秩序最好

备注:
1.关于交叉口【主观秩序】。本测试目的为研究交叉口【机动车主观秩序】同何种因素相关。
所以本测试尊重测试者对于交叉口内【机动车主观秩序】的不同理解与评价角度，仅要求测试者对所看视频进行最直观且主观的评价即可。
2.鉴于上述原因，我们对您最终的评价保持包容的态度。
但请注意，如果您的评分相较于其他测试者有过大的差距，您将无法通过质量检验，评价可能会被退回。

3.根据您的主观印象，选择一个最合适这个【交叉口航拍片段】的【秩序标签】。示例如下:
○最差　○较差　○中等　○较好　○最好

4.确保所有的20个视频您都有观看，且完成了主观评价（【拖动条】+【标签】），点击下方的【生成结果代码】按钮。

5.点击【复制到剪贴板】，将您的【结果代码】粘贴并提交，此项测试便结束了。

如您已知晓测试的相关流程，观看视频并在下方作出相应的评价。

图 B.1　主观评价量表流程说明区

图 B.2　信号控制交叉口交通秩序评价区

提示

在您生成【结果代码】之前，请仔细核对您完成了所有评价（20个【拖动条】+20个【标签】），否则将无法生成【结果代码】。

注意！如果产生的【结果代码】带有任何英文字符，表示您未全部完成所有评价，这种验证码是无效的。请仔细核对所有评价。

生成结果代码

6228171277245774227694327620791857671471222242342452242423424

复制到剪贴板

谢谢！

最后，您可以点击【复制到剪贴板】按钮将【结果代码】复制到剪贴板。

再次感谢您能参与本项测试。

图 B.3　评价结果生成区